S
A
T

~~ARCHIV~~ / HERSTELLUNGSMUSTER

1. Auflage 1993

Auftragsnummer: 1002

Satz: text GmbH

Repro: Schwetzinger

Druck: Graficromo

Bind.: Cordoba

PONS

Junior

Illustriertes Wörterbuch Französisch

Text von:
Jean-Christophe Meyer
Illustrationen von:
Gerald Chmielewski

Ernst Klett Verlag für Wissen und Bildung, Stuttgart · Dresden
Verlag J.F. Schreiber GmbH, Esslingen

PONS Junior Illustriertes Wörterbuch Französisch

Bearbeitet von:
Jean-Christophe Meyer
Illustrationen von:
Gerald Chmielewski

Ernst Klett Verlag für Wissen und Bildung
Redaktion PONS Wörterbücher
in Zusammenarbeit mit
Verlag J.F. Schreiber
Esslinger Kinder- und Jugendbücher

Die Deutsche Bibliothek – CIP-Einheitsaufnahme

Pons Junior illustriertes Wörterbuch. – Stuttgart; Dresden: Klett-Verlag
für Wissen und Bildung; Esslingen: Verlag J.F. Schreiber
NE: Junior illustriertes Wörterbuch

Französisch / bearb. von: Jean-Christophe Meyer. Ill. von:
Gerald Chmielewski. – 1. Aufl. – 1993
ISBN 3-12-517620-4
NE: Meyer, Jean-Christophe

Gedruckt auf Recycling-Papier

1. Auflage 1993

Redaktion: Andrea Ender, Regina Reinboth
Bildredaktion: Sabine Frankholz
Einbandentwurf: Erwin Poell, Heidelberg
Gerald Chmielewski
Satz: text. gmbh, Stuttgart
Lithos: Schwetzinger Repro
Druck: Graficromo, Cordoba

ISBN 3-12-517620-4

Vorwort

Dieses Wörterbuch wendet sich an Schülerinnen und Schüler ab acht Jahren. Es kann insbesondere den Frühfranzösischunterricht unterstützen.
Als wichtigste Aufgabe des Juniorwörterbuchs erscheint es uns, Kinder in möglichst leichter, nahezu spielerischer Weise an die Benutzung von Wörterbüchern heranzuführen. Die rund 2.000 Stichwörter wurden mit Blick auf den Grundwortschatz des Französischen und die Erfahrungswelt von Kindern ausgewählt. Jeder Eintrag enthält eine Angabe der Aussprache in internationaler Lautschrift und eine treffende Übersetzung. Viele Einträge bieten darüber hinaus auch einen französischen Beispielsatz. Diese Beispielsätze sind leicht verständlich, weil in ihnen nur Vokabular verwendet wird, das im Wörterbuch nachgeschlagen werden kann, und weil sie mit ihrem festen Kreis von Personen eine überschaubare Textwelt schaffen, zu der Kinder leicht Zugang finden.
Die Angaben zur Grammatik werden grundsätzlich ausgeschrieben. Wir haben uns für die lateinischen Begriffe entschieden, weil sie in Wörterbüchern und Grammatiken generell verwendet werden. Allerdings führt das Juniorwörterbuch auch die verschiedenen deutschen Entsprechungen dieser Begriffe auf.
Das PONS Juniorwörterbuch Französisch ist ein illustriertes Wörterbuch in dem Sinne, daß die Abbildungen nicht nur schmückenden Charakter haben, sondern die Bedeutung der Beispielsätze buchstäblich „vor Augen führen". Eine besondere Bedeutung kommt in diesem Zusammenhang den thematischen Bildseiten zu. Die Verbindung von Wort und Bild kommt dem kindlichen Bedürfnis nach Anschaulichkeit besonders entgegen und erleichtert das Vokabellernen.
So hoffen wir, daß das PONS Juniorwörterbuch Französisch bei Kindern die Fähigkeit entwickeln hilft, schnelleren und besseren Zugang zu sprachlichem Wissen zu finden.

Stuttgart im Mai 1993

Ernst Klett Verlag
für Wissen und Bildung
Redaktion Wörterbücher
und
Verlag J.F. Schreiber
Esslingen

Das ist die Familie Martin mit ihren Freunden. Sie alle werden dich durch das Wörterbuch begleiten und dir das Französischlernen erleichtern.

Papa [papa] ist der Vater von Jean, Juliette und Annie.

Maman [mamɑ̃] ist die Mutter von Jean, Juliette und Annie.

Juliette [ʒuljɛt] ist zwölf Jahre alt. Sie ist die Schwester von Jean und Annie.

Mémé [meme] ist die Oma von Jean, Juliette und Annie.

Pépé [pepe] ist der Opa von Jean, Juliette und Annie.

Jean [ʒɑ̃] ist neun Jahre alt. Er ist der Bruder von Juliette und Annie.

Ali [ali] ist der beste Freund von Jean.

Sylvie [silvi] ist die beste Freundin von Juliette.

Annie [ani] ist drei Jahre alt. Sie ist die kleine Schwester von Juliette und Jean.

Pipo [pipo] ist der Hund der Familie Martin.

Minouche [minuʃ] ist die Katze der Familie Martin.

Lexikalischer Teil

In deinem Wörterbuch findest du etwa 2000 französische **Einträge** in alphabetischer Reihenfolge.

Juliette zeigt dir, was du in einem Eintrag finden kannst.

Das Wort, das du nachschlägst, ist das **Stichwort.**

So wird das Wort ausgesprochen (eine Liste dieser „phonetischen Zeichen" findest du auf Seite 13).

Ein Wort kann verschiedene Bedeutungen haben. Diese werden mit **1., 2., 3.** ... unterschieden.

„Wortarten" werden mit **I., II., III.** unterschieden (eine Liste der Wortarten findest du hier unten).

coucher [kuʃe]
I. *Verb* **1**. **se coucher** sich hinlegen. Pipo **s'est couché** sur le gazon. **2**. **être couché** liegen. Jean **est couché** et dort dans son lit. **3**. **aller se coucher** ins Bett gehen.
II. *Nomen* **le coucher du soleil** der Sonnenuntergang.

In den Beispielsätzen siehst du, wie das Wort benutzt wird.

Was bedeutet . . .?

Adjektiv	Wiewort, Eigenschaftswort	schön, neu
Adverb	Umstandswort	oben, unten
Artikel	Begleiter	der, die, das
Femininum	weibliches Wort	Schule, Frau
Hilfsverb	Hilfszeitwort	haben, sein
Interjektion	Ausrufewort	hallo!, bitte!
Konjunktion	Bindewort	und, oder
Maskulinum	männliches Wort	Baum, Lehrer
Nomen	Namenwort, Substantiv	Buch, Blume
Plural	Mehrzahl	Bücher, Blumen
Präposition	Verhältniswort	auf, in, unter
Pronomen	Fürwort	du, dich, dein
Verb	Tunwort, Zeitwort	lesen, malen

Das französische Verb

Im Französischen gibt es zwei Hilfsverben, **avoir** und **être**. Sie sind wichtig, weil sie dazu dienen, andere Zeiten, z.B. das Perfekt, zu bilden.

<u>avoir</u>

Präsens

j'ai	ich habe
tu as	du hast
il/elle a	er/sie/es hat
nous avons	wir haben
vous avez	Sie haben ihr habt
ils/elles ont	sie haben

Imperfekt

j'avais	ich hatte
tu avais	du hattest
il/elle avait	er/sie/es hatte
nous avions	wir hatten
vous aviez	Sie hatten ihr hattet
ils/elles avaient	sie hatten

Futur

j'aurai	nous aurons
tu auras	vous aurez
il/elle aura	ils/elles auront

Perfekt

j'ai eu — ich habe gehabt
usw.

Partizip Präsens: ayant
Partizip Perfekt: eu

<u>être</u>

Präsens

je suis	ich bin
tu es	du bist
il/elle est	er/sie/es ist
nous sommes	wir sind
vous êtes	Sie sind ihr seid
ils/elles sont	sie sind

Imperfekt

j'étais	ich war
tu étais	du warst
il/elle était	er/sie/es war
nous étions	wir waren
vous étiez	Sie waren ihr wart
ils/elles étaient	sie waren

Futur

je serai	nous serons
tu seras	vous serez
il/elle sera	ils/elles seront

Perfekt

j'ai été — ich bin gewesen
usw.

Partizip Präsens: étant
Partizip Perfekt: été

Im Französischen gibt es drei regelmäßige Verbgruppen, die je nach ihrer Infinitivendung geteilt werden:

-er	**-ir**	**-re**
parler	finir	vendre

parler

Präsens

je parle	ich spreche
tu parles	du sprichst
il/elle parle	er/sie/es spricht
nous parlons	wir sprechen
vous parlez	Sie sprechen ihr sprecht
ils/elles parlent	sie sprechen

Futur

je parlerai	nous parlerons
tu parleras	vous parlerez
il/elle parlera	ils/elles parleront

Imperfekt

j'parlais	ich sprach
tu parlais	du sprachst
il/elle parlait	er/sie/es sprach
nous parlions	wir sprachen
vous parliez	Sie sprachen ihr sprachet
ils/elles parlaient	sie sprachen

Perfekt

j'ai parlé	ich habe gesprochen
usw.	

Partizip Präsens: parlant
Partizip Perfekt: parlé

finir

Präsens

je finis	ich beende
tu finis	du beendest
il/elle finit	er/sie/es beendet
nous finissons	wir beenden
vous finissez	Sie beenden ihr beendet
ils/elles finissent	sie beenden

Futur

je finirai	nous finirons
tu finiras	vous finirez
il/elle finira	ils/elles finiront

Imperfekt

je finissais	ich beendete
tu finissais	du beendetest
il/elle finissait	er/sie/es beendete
nous finissions	wir beendeten
vous finissiez	Sie beendeten ihr beendetet
ils/elles finissaient	sie beendeten

Perfekt

j'ai fini	ich habe beendet
usw.	

Partizip Präsens: finissant
Partizip Perfekt: fini

vendre

Präsens

je vends	ich verkaufe
tu vends	du verkaufst
il/elle vend	er/sie/es verkauft
nous vendons	wir verkaufen
vous vendez	Sie verkaufen ihr verkauft
ils/elles vendent	sie verkaufen

Imperfekt

je vendais	ich verkaufte
tu vendais	du verkauftest
il/elle vendait	er/sie/es verkauft
nous vendions	wir verkauften
vous vendiez	Sie verkauften ihr verkauftet
ils/elles vendaient	sie verkauften

Futur

je vendrai	nous vendrons
tu vendras	vous vendrez
il/elle vendra	ils/elles vendront

Perfekt

j'ai vendu ich habe verkauft
usw.

Partizip Präsens: vendant
Partizip Perfekt: vendu

Liste der phonetischen Zeichen:

[i]	wie in **I**dee	– **il**
[e]	wie in **e**gal	– port**er**
[ɛ]	wie in B**ä**r	– l**ai**t
[a]	wie in R**a**t	– b**a**teau
[a]*	wie in	– g**â**teau
[o]*	wie in Br**o**t	– **eau**
[ɔ]	wie in n**o**ch	– rest**au**rant
[u]	wie in M**u**sik	– v**ou**s
[y]	wie in M**ü**he	– f**u**sil
[ø]	wie in S**ö**hne	– génér**eux**
[œ]	wie in **ö**ffnen	– empere**ur**
[ə]	wie in Mutt**e**r	– p**e**ser
[ɛ̃]*	wie in	– cous**in**
[ɑ̃]*	wie in	– b**an**que
[ɔ]*	wie in	– faç**on**
[œ̃]*	wie in	– **un**
[j]	wie in **j**a	– gaspi**ll**er
[ɥ]*	wie in	– r**ui**sseau
[w]*	wie in	– **oi**seau
[p]	wie in **P**aar	– **p**as
[t]	wie in **T**afel	– visi**t**er
[k]	wie in **K**ind	– **c**roire
[b]	wie in **B**all	– **b**eau
[d]	wie in **d**enn	– vi**d**e
[g]	wie in **g**ern	– an**g**lais
[f]	wie in **f**ern	– élé**ph**ant
[v]	wie in **w**er	– **v**ouloir
[s]	wie in fa**ss**en	– **ç**a
[z]	wie in **s**ingen	– on**z**e
[l]	wie in **l**ang	– ba**l**con
[ʀ]*	wie in	– cou**r**i**r**
[m]	wie in **m**att	– par**m**i
[n]	wie in **N**est	– **n**id
[ɲ]*	wie in	– ga**gn**er
[ŋ]	wie in la**ng**	– parki**ng**
[ʃ]	wie in **Sch**af	– é**ch**arpe
[ʒ]	wie in **g**enieren	– baga**g**es
[']*	wie in	– **h**ibou

* Diese Laute gibt es im Deutschen nicht. Dein Französischlehrer oder deine Französischlehrerin kann dir sagen, wie du diese Laute aussprechen sollst.

à [a]
Präposition **1.** «Ce livre est **à** moi!» dit Jean **à** Ali. «Das Buch gehört mir!» sagt Jean zu Ali. **2.** an. Tante Sarah envoie une carte **à** Juliette. **3.** in. Oncle Fernand habite **à** Paris. **4.** zu. «Je ne veux pas aller **à** l'école aujourd'hui!» crie Juliette. **5.** bis. **A** lundi! **6.** nach. Papa va **à** Paris.

une abeille [abɛj]
Nomen eine Biene. Pipo a été piqué par une **abeille**.

abîmer [abime]
Verb beschädigen. Jean a **abîmé** ses chaussures en se promenant sous la pluie.

abondant, abondante [abɔ̃dɑ̃, abɔ̃dɑ̃t]
Adjektiv reichlich. En haute montagne, la neige est **abondante**.

aboyer [abwaje]
Verb bellen. Pipo **aboie** très fort.

absent, absente [apsɑ̃, apsɑ̃t]
Adjektiv abwesend.

accepter [aksɛpte]
Verb annehmen.

un accident [aksidɑ̃]
Nomen **1.** ein Unfall. Sur le chemin de l'école, Juliette a vu un **accident**. **2. par accident** zufällig.

un accord [akɔʀ]
Nomen **1.** ein Abkommen. **2. d'accord** einverstanden. «Vas-tu promener Pipo?» demande papa. «**D'accord**!» répond Jean. **3. être d'accord (avec)** einverstanden sein (mit). Jean est **d'accord** pour aider papa à laver la voiture.

accrocher [akʀɔʃe]
Verb **1.** hängen. Jean **accroche** une photo de son équipe de football au mur de sa chambre. **2.** aufhängen. Maman **accroche** le linge dans le jardin.

acheter [aʃte]
Verb kaufen. Papa **achète** un autre tournevis, car il a déjà perdu celui qu'il avait **acheté** la semaine dernière.

un acteur, une actrice [aktœʀ, aktʀis]
Nomen ein Schauspieler, eine Schauspielerin.

actuellement [aktɥɛlmɑ̃]
Adverb zur Zeit. **Actuellement**, Jean est à l'école.

une addition [adisjɔ̃]
Nomen **1.** eine Rechnung. Papa paye l'**addition** par chèque. **2.** eine Rechenaufgabe.

admettre [admɛtʀ(ə)]
Verb **1.** zulassen. Les enfants sont **admis** gratuitement dans le musée. **2.** zugeben. Jean **admet** qu'il a cassé l'assiette.

une adresse [adʀɛs]
Nomen eine Adresse.

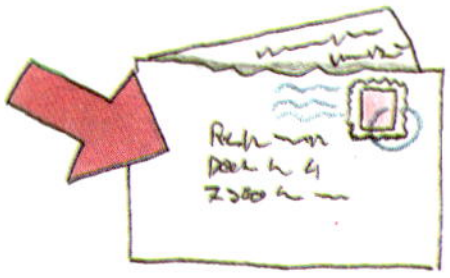

adresser [adʀɛse]
Verb **s'adresser à quelqu'un** sich an jemanden wenden. Jean **s'adresse à** son professeur pour lui poser une question.

un adulte, une adulte [adylt(ə)]
Nomen ein Erwachsener, eine Erwachsene. Jean n'est pas encore un **adulte**, il n'a que neuf ans.

un aéroport [aeʀɔpɔʀ]
Nomen ein Flughafen. Papa et Jean ont rencontré oncle Fernand à l'**aéroport**.

une affaire [afɛʀ]
Nomen eine Sache. Juliette prépare ses **affaires** pour aller à son cours de danse.

une affiche [afiʃ]
Nomen ein Plakat.

africain, africaine [afʀikɛ̃, afʀikɛn]
I. *Adjektiv* afrikanisch.
II. *Nomen* **un Africain, une Africaine** ein Afrikaner, eine Afrikanerin.

l'Afrique [afʀik]
Nomen, Femininum Afrika.

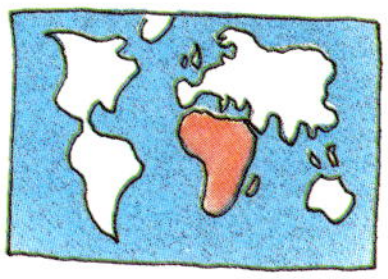

l'âge [aʒ]
Nomen, Maskulinum **1.** das Alter. Jean a le même **âge** qu'Ali.
2. Quel âge as-tu? Wie alt bist du?

un agent de police [aʒdəpɔlis]
Nomen ein Polizist, eine Polizistin. L'**agent** a dit à papa de ne pas conduire trop vite.

agiter [aʒite]
Verb **1.** schütteln. Jean a **agité** la branche et trois pommes sont tombées par terre. **2.** schwenken.

un agneau [aɲo]
Nomen ein Lamm.

agréable [agʀeabl(ə)]
Adjektiv angenehm. Tante Sarah a passé des vacances très **agréables**.

l'aide [ɛd]
Nomen, Maskulinum **1.** die Hilfe.
2. A l'aide! Hilfe! «**A l'aide!** Je ne peux pas descendre», criait Jean au sommet de l'arbre.

aider [ede]
Verb helfen. Maman **aide** Juliette à faire ses devoirs.

un aigle [ɛgl(ə)]
Nomen ein Adler.

une aiguille [egɥij]
Nomen
1. eine Nadel.
2. ein Zeiger. La petite **aiguille** d'une montre indique les heures et la grande **aiguille** indique les minutes.

une aile [ɛl]
Nomen ein Flügel.

aimer [eme]
Verb **1.** lieben. Papa et maman **aiment** beaucoup leurs enfants.
2. mögen. Jean **aime** beaucoup le football. **3. aimer faire quelque chose** etwas gern tun.

l'air [ɛʀ]
Nomen, Maskulinum **1.** die Luft. En montagne, l'**air** est pur. **2. avoir l'air** aussehen. Jean **a l'air** très fatigué ce matin.

ajouter [aʒute]
Verb hinzufügen.

un album [albɔm]
Nomen ein Album.

l'Allemagne [alemaɲ]
Nomen, Femininum Deutschland.

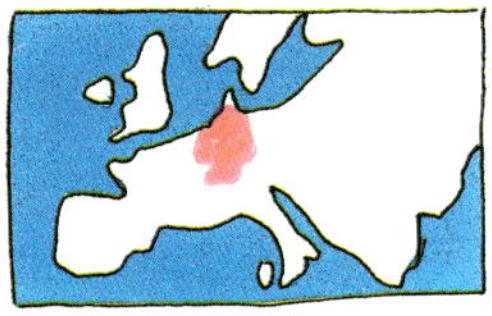

allemand, allemande [almɑ̃, almɑ̃d]
I. *Adjektiv* deutsch.
II. *Nomen* **1. un Allemand, une Allemande** ein Deutscher, eine Deutsche. **2. l'allemand** das Deutsche. «Parlez-vous **allemand**?»

aller [ale]
Verb **1.** gehen. Cet été, la famille pense **aller** en vacances à la mer. **2.** fahren. Jean et Juliette **vont** à l'école en bus. **3.** werden. Jean **va** tomber de l'arbre, s'il ne fait pas attention. Il **va** faire beau demain. **4. aller à pied** zu Fuß gehen. Jean est **allé** à l'école **à pied** car il a raté le bus ce matin. **5. Comment allez-vous?** Wie geht es Ihnen?

allô! [alo]
Interjektion Hallo! (nur am Telefon)

allumer [alyme]
Verb **1.** anzünden. Maman **allume** les bougies du gâteau d'anniversaire d'Annie.

2. einschalten. Jean **allume** la télé pour voir un dessin animé.

une allumette [alymɛt]
Nomen ein Streichholz.

alors [alɔʀ]
Adverb **1.** dann. «Tu ne veux pas que je t'aide?» demande papa à Juliette. «**Alors** je te laisse.» **2.** damals. «As-tu vu la photo? Maman avait **alors** neuf ans!» **3.** also. Juliette est malade, **alors** maman appelle le docteur.

l'alphabet [alfabɛ]
Nomen, Maskulinum das Alphabet.

une ambulance [ɑ̃bylɑ̃s]
Nomen ein Krankenwagen.

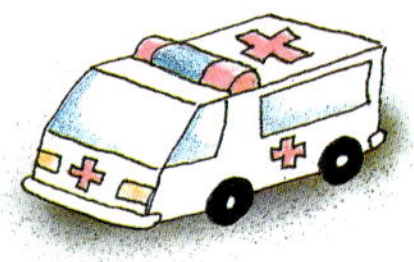

américain, américaine [ameʀikɛ̃, ameʀikɛn]
I. *Adjektiv* amerikanisch.
II. *Nomen* **un Américain, une Américaine** ein Amerikaner, eine Amerikanerin.

l'Amérique [amɛʀik]
Nomen, Maskulinum Amerika.

un ami, une amie [ami]
Nomen ein Freund, eine Freundin. Sylvie est l'**amie** de Juliette, et Ali est l'**ami** de Jean.

l'amour [amuʀ]
Nomen, Maskulinum die Liebe.

amusant, amusante [amyzɑ̃, amyzɑ̃t]
Adjektiv lustig. Papa a raconté une histoire **amusante** qui a fait rire tout le monde.

amuser [amyze]
Verb **s'amuser** Spaß haben. Les enfants **s'amusent** dans le jardin.

un an [ɑ̃]
Nomen ein Jahr. Annie va aller à l'école dans deux **ans**.

un ananas [anana(s)]
Nomen eine Ananas.

ancien, ancienne [ɑ̃sjɛ̃, ɑ̃sjɛn]
Adjektiv **1.** alt. Dans la maison des parents de Jean et de Juliette, il y a beaucoup de meubles **anciens**.
2. ehemalig. La voisine, Mme. Dupont, est l'**ancienne** institutrice de Juliette.

une ancre [ɑ̃kʀ(e)]
Nomen ein Anker.

un âne [ɑ̃n]
Nomen
ein Esel.

un ange [ɑ̃ʒ]
Nomen ein Engel.

anglais, anglaise [ɑ̃glɛ, ɑ̃glɛz]
I. *Adjektiv* englisch.
II. *Nomen* **1. un Anglais, une Anglaise** ein Engländer, eine Engländerin. **2. l'anglais** das Englische. L'**anglais** est parlé par beaucoup de gens dans le monde.

l'Angleterre [ɑ̃glətɛʀ]
Nomen, Femininum
England.

un animal, des animaux [animal, animo]
Nomen ein Tier, Tiere.

animé, animée [anime]
Adjektiv lebhaft.

une année [ane]
Nomen **1.** ein Jahr. La famille Martin va passer les vacances au Canada l'**année** prochaine.
2. Bonne année! Ein gutes neues Jahr!

un anniversaire [anivɛʀsɛʀ]
Nomen **1.** ein Geburtstag. C'est l'**anniversaire** de Juliette aujourd'hui.
2. Joyeux anniversaire! Herzlichen Glückwunsch!

un anorak [anɔʀak]
Nomen ein Anorak.

août [u]
Nomen, Maskulinum **1.** August.
2. au mois d'août im August.

apercevoir [apɛʀsəvwaʀ]
Verb **1.** sehen. **2. s'apercevoir de quelque chose** etwas bemerken. En regardant sa montre, Juliette **s'aperçoit** qu'elle est en retard.

apparaître [apaʀɛtʀ(ə)]
Verb erscheinen. Pipo **apparaît** de derrière les buissons avec un os.

un appareil photo [apaʀɛjfɔto]
Nomen
eine Kamera.
Sylvie ne sort jamais sans son **appareil photo**.

un appartement [apaʀtəmɑ̃]
Nomen eine Wohnung. La famille de Sylvie habite dans un grand **appartement**.

appartenir à [apaʀtəniʀa]
Verb gehören. Ce livre **appartient à** Jean.

appeler [apɛle]
Verb **1.** rufen. Maman **appelle** les enfants pour le déjeuner. **2.** anrufen. Les enfants ont **appelé** mémé pour lui souhaiter un joyeux anniversaire.
3. s'appeler heißen. Le chien de la famille Martin **s'appelle** Pipo.

applaudir [aplodiʀ]
Verb klatschen. A la fin du concert, le public **applaudit** très fort.

apporter [apɔʀte]
Verb bringen. Le père Noël a **apporté** beaucoup de cadeaux à Jean et Juliette cette année.

apprendre [apʀɑ̃dʀ(ə)]
Verb **1.** lernen. **2. apprendre quelque chose à quelqu'un** jemandem etwas beibringen. L'instituteur **apprend à** lire **aux** enfants.

apprivoisé, apprivoisée [apʀivwaze]
Adjektiv zahm. «Les lions du cirque sont-ils **apprivoisés**?» demande Jean.

approcher [apʀoʃe]
Verb **1.** näher kommen.
2. s'approcher sich nähern.

appuyer [apɥije]
Verb **1.** drücken. Jean **appuie** sur le bouton et attend que l'ascenceur arrive. **2.** lehnen. Papa **appuie** l'échelle contre l'arbre pour aider Jean à descendre. **3. s'appuyer** sich stützen. Pépé **s'appuie** sur sa canne pour marcher.

après [apʀe]
I. *Präposition* nach. Jean et Ali jouent souvent au football **après** l'école.
II. *Konjunktion* nachdem. «Vous pouvez sortir jouer **après** avoir fini vos leçons.»
III. *Adverb* danach. «Fais d'abord tes devoirs. **Après** tu pourras sortir Pipo.»

un après-midi [apʀemidi]
Nomen **1.** ein Nachmittag.
2. l'après-midi nachmittags. Annie dort **l'après-midi**.

une araignée [aʀeɲe]
Nomen
eine Spinne.
Jean regarde comment l'**araignée** attrape la mouche.

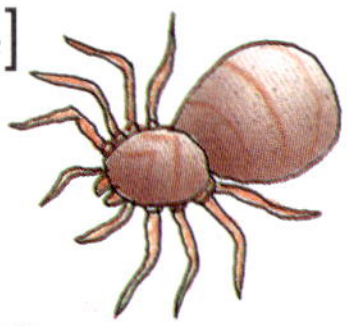

un arbre [aʀbʀ(ə)]
Nomen
ein Baum.

un arc [aʀk]
Nomen ein Bogen. Jean est habillé comme un Indien avec un **arc** et des flèches.

un arc-en-ciel [aʀkɑ̃sjɛl]
Nomen ein Regenbogen.
Il y a sept couleurs dans un **arc-en-ciel**.

un archet [aʀʃɛ]
Nomen ein Bogen.Quand on joue du violin on se sert d'un **archet**.

l'argent [aʀʒɑ̃]
Nomen, Maskulinum
1. das Geld.
Papa et maman travaillent pour gagner de l'**argent**.

2. l'argent de poche das Taschengeld. Ali garde son **argent de poche** pour acheter un nouveau jeu vidéo.

une armée [aʀme]
Nomen eine Armee.

une armoire [aʀmwaʀ]
Nomen ein Schrank.
Juliette range les assiettes dans l'**armoire**.

un arrêt [aʀɛ]
Nomen eine Haltestelle. Mémé descend à l'**arrêt** de bus devant la poste.

arrêter [aʀete]
Verb **1.** aufhören. Papa a **arrêté** de fumer il y a longtemps.
2. festnehmen. La police **arrête** l'homme qui vient de voler les bijoux.
3. s'arrêter anhalten. Le bus de l'école **s'arrête** près de la maison de Jean et de Juliette.

arrière [aʀjɛʀ]
Adjektiv Hinter-. Le pneu **arrière** du vélo de Jean est à plat.

arriver [aʀive]
Verb **1.** ankommen. Le train **arrive** avec dix minutes de retard. **2.** etwas fertigbringen. Jean **arrive à** faire ses devoirs tout seul. **3. il arrive que** ... es kommt vor, daß ... **Il arrive** quelquefois **que** Jean oublie de faire ses devoirs!

arroser [aʀoze]
Verb gießen. Pépé a prié le voisin d' **arroser** le jardin pendant qu'il était en vacances.

un arrosoir [aʀozwaʀ]
Nomen eine Gießkanne.

l'art [aʀ]
Nomen, Maskulinum die Kunst.

un article [aʀtikl(ə)]
Nomen ein Artikel. Pépé lit un **article** sur les plantes dans le journal.

un, une artiste [aʀtist(ə)]
Nomen ein Künstler, eine Künstlerin.

un ascenseur [asɑ̃sœʀ]
Nomen ein Aufzug.

l'Asie [azi]
Nomen, Femininum Asien.

s'asseoir [saswaʀ]
Verb sich setzen. Jean **s'assoit** à son bureau pour faire ses devoirs.

assez [ase]
Adverb **1.** genügend. «Y a-t-il **assez** de lait pour le petit déjeuner de demain?» demande maman.
2. genug. Le trou pour le nouvel arbre n'est pas **assez** profond.
3. ziemlich. Jean trouve que Sylvie est **assez** jolie.

une assiette [asjɛt]
Nomen ein Teller.

assis, assise [asi, asiz]
Adjektiv **1.** sitzend. **2. être assis** sitzen. Mémé **est assise** dans son fauteuil.

un astronaute [astʀɔnɔt]
Nomen ein Astronaut. Ali veut devenir **astronaute** quand il sera grand.

une attaque [atak]
Nomen ein Angriff.

attaquer [atake]
Verb angreifen. Pipo **attaque** le voleur qui essaie de voler la télévision.

atteindre [atɛ̃dʀ(ə)]
Verb erreichen. Papa a **atteint** le premier le sommet de la montagne.

attendre [atɑ̃ndʀ(ə)]
Verb warten. Jean **attend** Ali depuis un quart d'heure.

l'attention [atɑ̃sjɔ̃]
I. *Nomen, Femininum* die Aufmerksamkeit. «S'il vous plaît, puis-je avoir votre **attention**!» crie le professeur.
II. *Interjektion* **attention**! Vorsicht!

atterrir [ateʀiʀ]
Verb landen. Les enfants regardaient **atterrir** l'avion d'oncle Fernand.

attraper [atʀape]
Verb **1.** fangen. Jean a **attrapé** la balle que papa lui a lancée. **2.** erwischen. Le professeur a **attrapé** deux élèves en train de fumer dans les toilettes. **3. attraper un rhume** sich erkälten. Papa a **attrapé un rhume** terrible.

au [o]
siehe **à**. Ali doit aller **au** médecin parce qu'il est malade.

aucun, aucune [okœ̃, okyn]
Pronomen **ne ... aucun, ne ... aucune** gar keiner, keine, keines. Jean **n'**a **aucune** idée de l'endroit où est Juliette.

au-dessous [od(ə)su]
Präposition unter. Pipo a caché un os **au-dessous** de la table.

au-dessus [od(ə)su]
Präposition über. L'oiseau vole **au-dessus** du jardin.

aujourd'hui [oʒuʀdɥi]
Adverb heute. **Aujourd'hui**, pépé va au zoo avec les enfants.

aussi [osi]
Adverb **1.** auch. Juliette va monter à cheval et Sylvie **aussi**. **2. aussi...que** so....wie. Jean veut bien être tout **aussi** grand **que** papa.

l'Australie [ɔstʀali]
Nomen, Femininum Australien.

australien, australienne [ɔstʀaljɛ̃, ɔstʀaljɛn]
I. *Adjektiv* australisch.
II. *Nomen* **un Australien, une Australienne** ein Australier, eine Australierin.

autant [otɑ̃]
Adverb **1.** ebensoviel. Jean a **autant** de timbres dans sa collection que Juliette. **2.** ebensosehr. Jean aime Annie **autant** que Juliette.

une auto [ɔto]
Nomen ein Auto.

un autobus [ɔtobys]
Nomen ein Bus. Mémé et pépé visitent Paris en **autobus**.

l'automne [ɔtɔn]
Nomen, Maskulinum der Herbst.

autoriser [ɔtɔʀise]
Verb **1.** erlauben. Pépé nous a **autorisés** à regarder le film. **2. être autorisé à** dürfen. Juliette **est autorisée à** aller au cinéma avec Sylvie.

une autoroute [ɔtɔʀut]
Nomen eine Autobahn.

autour (de) [otuʀdə]
Präposition **1.** um ... herum. Pipo chasse mémé **autour** de l'arbre. **2.** um. «Il fait froid dehors, mets une écharpe **autour** du cou.»

un, une autre [otʀə]
Adjektiv **1.** noch ein. «Prends un **autre** biscuit», dit mémé. **2.** ein anderer, eine andere, ein anderes. Depuis que Jean a cassé son stylo, il en utilise un **autre**.

l'Autriche [otʀiʃ]
Nomen, Femininum Österreich.

autrichien, autrichienne [otʀiʃjɛ̃, otʀiʃjɛn]
I. *Adjektiv* österreichisch.
II. *Nomen* **un Autrichien, une Autrichienne** ein Österreicher, eine Österreicherin.

une autruche [otʀyʃ]
Nomen ein Strauß. Une autruche est un grand oiseau qui ne peut pas voler.

aux [o]
siehe **à**. Le voisin a donné des bonbons **aux** enfants.

avaler [avale]
Verb hinunterschlucken. «S'il te plaît, mâche ce que tu manges avant d'**avaler**», dit maman.

avant [avɑ̃]
I. *Präposition* vor. Jean arrive au cinéma **avant** Ali.
II. *Adverb* **1.** vorher. Oncle Fernand est parti hier et tante Sarah est partie le jour **avant**. **2. en avant** vorwärts. «Marche **en avant** sans te retourner!» ordonne papa à Juliette.
III. *Adjektiv* Vorder-. Papa doit changer la roue **avant** de la voiture, car le pneu est à plat.
IV. *Konjunktion* **avant de** bevor. «Finis tes devoirs **avant de** sortir», dit papa.

avec [avɛk]
Präposition mit. Sylvie est allée au cinéma **avec** Juliette.

l'avenir [avniʀ]
Nomen, Maskulinum **1.** die Zukunft. «Personne ne peut dire ce que sera l'**avenir**», dit maman à Juliette. **2. à l'avenir** in Zukunft. «Essayez d'être plus attentifs **à l'avenir**!» gronde le directeur.

une aventure [avɑ̃tyʀ]
Nomen ein Abenteuer.

avertir [avɛʀtiʀ]
Verb warnen.

aveugle [avœgl(ə)]
Adjektiv blind. Le grand-père d'Ali est **aveugle**, c'est pourquoi les enfants l'aident à traverser la rue.

un avion [avjɔ̃]
Nomen ein Flugzeug. Les enfants ont vu arriver l'**avion** d'oncle Fernand à l'aéroport.

avoir [avwaʀ]
I. *Verb* haben. Juliette et Annie **ont** les yeux bleus.
II. *Hilfsverb* haben. Pipo **a** déchiré la chaussette de Jean.

avril [avʀil]
Nomen, Maskulinum **1.** April.
2. au mois d´avril im April.

B

le badge [badʒ(ə)]
Nomen
der Button.
Le badge favori d´Annie est celui avec l´ours.

les bagages [bagaʒ]
Nomen, Maskulinum, das Gepäck.

la bague [bag]
Nomen
der Ring.

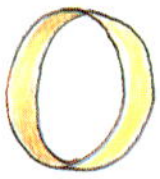

la baguette [bagɛt]
Nomen das Baguette.

la baie [bɛ]
Nomen
die Beere.

bâiller [baje]
Verb gähnen. Pipo a **bâillé** et s´est endormi dans le fauteuil de pépé.

baigner [beɲe]
Verb **se baigner** baden. En été Jean aime **se baigner** dans la mer.

le bain [bɛ̃]
Nomen das Bad.
Annie prend son **bain** chaque soir avant d'aller au lit.

le baiser [beze]
Nomen der Kuß. Maman donne un grand **baiser** à Annie et lui souhaite une bonne nuit.

le balai [balɛ]
Nomen
der Besen.

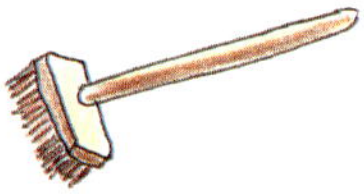

la balance [balɑ̃s]
Nomen die Waage. Le boucher pèse la viande sur la **balance**.

la balançoire [balɑ̃swaʀ]
Nomen
die Schaukel.

le balcon [balkɔ̃]
Nomen der Balkon.

la baleine [balɛn]
Nomen
der Wal.

la balle [bal]
Nomen
1. der Ball.
2. die Kugel.

le ballet [balɛ]
Nomen das Ballett. Aujourd'hui Juliette va à son cours de **ballet**.

le ballon [balɔ̃]
Nomen **1.** der Ball.
2. der Luftballon.
Papa gonfle des **ballons** pour Annie.

la banane [banan]
Nomen
die Banane.

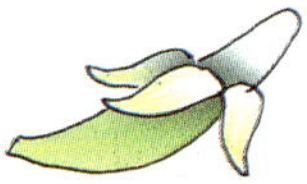

le banc [bɑ̃]
Nomen die Bank. Jean et Ali sont assis sur un **banc** dans le parc et mangent des sandwichs.

le bandage [bɑ̃daʒ]
Nomen der Verband. Papa a mis un **bandage** autour de son doigt qui saignait.

la bande dessinée, la B.D [bɑ̃dɛsine, bede]
Nomen das Comic-Heft. Ali était trop occupé à lire une **B.D.** pour remarquer que Jean mettait un ver dans sa poche.

la banque [bɑ̃k]
Nomen die Bank. Papa va à la **banque** pour chercher de l'argent.

le bar [baʀ]
Nomen die Bar. Papa boit un verre de bière au **bar**.

la barbe [baʀb(ə)]
Nomen der Bart. Papa a une **barbe**, mais oncle Fernand n'en a pas.

la barque [baʀk(ə)]
Nomen das Boot.

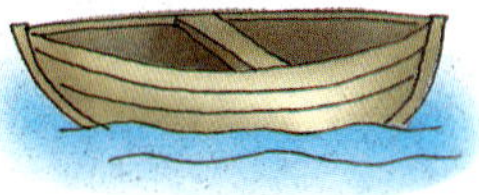

la barre [baʀ]
Nomen **1.** die Stange. Les cambrioleurs ont utilisé une **barre** de fer pour ouvrir la porte. **2.** der Riegel. Ali mange une **barre** de chocolat.

le bas [ba]
Nomen der Strumpf.

bas, basse [bɑ̃, bas]
I. *Adjektiv* **1.** niedrig. **2.** leise.
II. *Adverb* **en bas** **1.** unten. Pépé est **en bas**, il lit le journal. **2.** hinunter. «Venez **en bas** les enfants! Il est temps de manger», dit maman.

la bascule [baskyl]
Nomen die Wippe.

le bateau [bato]
Nomen
1. das Boot.
2. das Schiff.

le bâton [batɔ̃]
Nomen der Stock. Jean lance un **bâton** pour que Pipo l'attrape.

la batterie [batʀi]
Nomen **1.** die Batterie. **2.** das Schlagzeug. Le cousin de Jean et de Juliette joue de la **batterie** dans un groupe.

battre [batʀ(ə)]
Verb **1.** schlagen. La France va-t-elle **battre** l'Allemagne au match de football de ce soir? Juliette sent son coeur **battre** plus vite, quand elle voit que le facteur apporte un paquet.
2. se battre raufen. Jean **se bat** rarement avec d'autres élèves.

bavarder [bavaʀde]
Verb plaudern. Maman **bavarde** avec la voisine dans la rue.

beau, bel, belle [bo, bɛl, bɛl]
Adjektiv **1.** schön. Le temps est assez **beau** pour faire un pique-nique. **2.** hübsch. Juliette est une **belle** fille.

beaucoup [boku]
Adverb **1.** viel. Juliette pense que l'anglais est **beaucoup** plus facile que l'allemand.
2. viele.
Pépé cultive **beaucoup de** légumes dans le jardin.

la beauté [bote]
Nomen die Schönheit.

le bébé [bebe]
Nomen
das Baby.
Tante Sarah
a eu un **bébé**.

le bec [bɛk]
Nomen der Schnabel.

le beignet [bɛɲe]
Nomen
der Berliner.

belge [bɛlʒ]
I. *Adjektiv* belgisch.
II. *Nomen* **le, la Belge** der Belgier, die Belgierin.

la Belgique [belʒik]
Nomen Belgien.

le berceau [bɛʀso]
Nomen
die Wiege.

le berger [beʀʒe]
Nomen
der Schäfer.

le besoin [bɛzwɛ̃]
Nomen **avoir besoin de quelque chose** etwas brauchen. Jean **a besoin d'**une paire de chaussures neuves.

bête [bet]
I. *Adjektiv* dumm. «Pipo est vraiment **bête**, il essaie d'attraper sa queue», dit maman en riant.
II. *Nomen* **la bête** das Tier.

le beurre [bœʀ]
Nomen
die Butter.

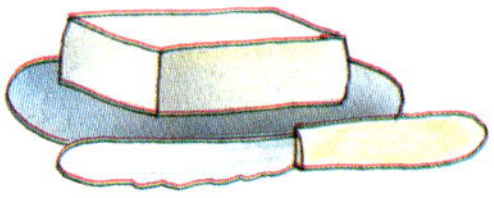

la bibliothèque [biblijɔtɛk]
Nomen die Bücherei. Jean a emprunté un livre sur les insectes à la **bibliothèque**.

la bicyclette [bisiklɛt]
Nomen das
Fahrrad.

bien [bjɛ̃]
Adverb **1.** gut. **2. je vais bien** es geht mir gut. **3. bien des** viele. Il y a **bien des** années, pépé allait aussi à l'école. **4. bien sûr** natürlich. «Peux-tu m'aider à faire mes devoirs, s'il te plaît?» demande Jean. - «**Bien sûr!**» répond papa.

bientôt [bjɛ̃to]
Adverb bald. Papa va **bientôt** rentrer du travail.

bienvenu, bienvenue [bjɛ̃vny]
Adjektiv willkommen. «**Bienvenu** à la maison, pépé!» crient les enfants.

la bière [bjɛʀ]
Nomen das Bier.

le bijou, les bijoux [biʒu]
Nomen **1.** der Edelstein.
2. les bijoux
der Schmuck.
Mémé a mis
ses plus beaux
bijoux pour aller
au concert.

la bille [bij]
Nomen
die Murmel.
Jean aime
jouer aux **billes**.

le billet [bijɛ]
Nomen
1. der Zettel. Jean a laissé un **billet** sur la table pour dire qu'il était chez Ali.
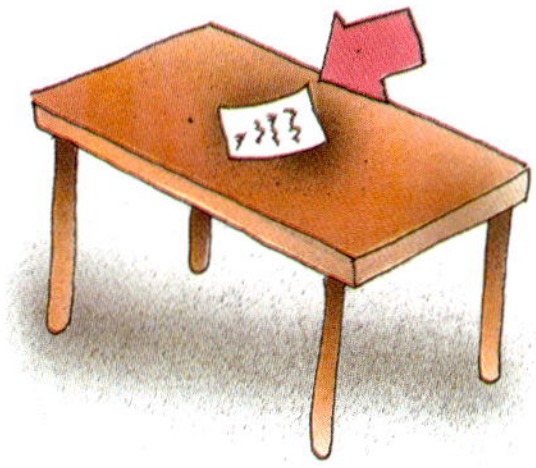
2. die Eintrittskarte. Papa a acheté deux **billets** pour le match de dimanche prochain. **3.** die Fahrkarte. Tante Sarah a acheté son **billet** de train à la gare. **4. le billet de banque** der Geldschein.

le biscuit [biskɥi]
Nomen der Keks. Ali a mangé trop de **biscuits** et maintenant il se sent mal.

le bistrot [bistʀo]
Nomen die Kneipe.

blanc, blanche [blɑ̃, blɑ̃ʃ]
Adjektiv weiß.

blesser [blese]
Verb **1.** verletzen. Deux personnes ont été **blessées** dans cet accident. **2. se blesser** sich weh tun. Annie est tombée et **s'**est **blessée.**

bleu, bleue [blø]
Adjektiv blau.
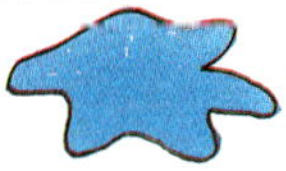

le bloc de bois [blɔkd(ə)bwɑ]
Nomen der Bauklotz.
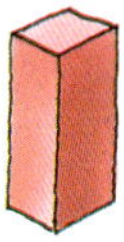

blond, blonde [blɔ̃, blɔ̃d]
Adjektiv blond. Maman est **blonde**.

la blouse [bluz]
Nomen die Bluse.

le boeuf [bœf]
Nomen **1.** der Ochse. **2.** das Rindfleisch.

boire [bwaʀ]
Verb trinken. «Que voulez-vous **boire?**» demande mémé.

le bois [bwɑ]
Nomen **1.** das Holz. Cette table est faite en **bois**. **2.** der Wald. Faites attention de ne pas vous perdre dans le **bois**.

la boîte [bwat]
Nomen **1.** die Schachtel. **2.** die Dose. **3. la boîte aux lettres** der Briefkasten.

le bol [bɔl]
Nomen die Schüssel.
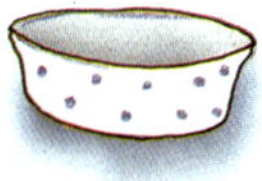

bon, bonne [bɔ̃, bɔn]
Adjektiv gut. Pipo est un **bon** chien.

le bonbon [bɔ̃bɔ̃]
Nomen das Bonbon.
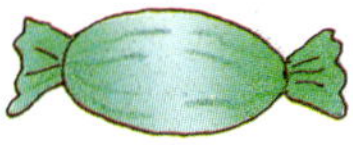

le bonhomme de neige [bɔnɔmdənɛʒ]
Nomen der Schneemann. Le **bonhomme de neige** que Jean a fait dans le jardin commence à fondre.

bonjour [bɔ̃ʒuʀ]
Interjektion Guten Tag.

le bonnet [bɔnɛ]
Nomen die Mütze.

bonsoir [bɔ̃swaʀ]
Interjektion Guten Abend.

le bord [bɔʀ]
Nomen **1.** der Rand. Juliette se tenait au **bord** de la piscine. **2. au bord de la mer** am Meer. **3. le bord du trottoir** der Bordstein.

la botte [bɔt]
Nomen **1.** der Stiefel. **2. la botte en caoutchouc** der Gummistiefel. Jean porte des **bottes en caoutchouc** car il pleut.

la bouche [buʃ]
Nomen der Mund. «Ne parle pas la **bouche** pleine, s'il te plaît!» dit maman à Jean.

le boucher, **la bouchère** [buʃe, buʃɛʀ]
Nomen der Metzger, die Metzgerin. De temps en temps, le **boucher** donne un os à Pipo.

la boucherie [buʃʀi]
Nomen die Metzgerei. Maman a acheté du boeuf et des saucisses à la **boucherie**.

le bouchon [buʃɔ̃]
Nomen
1. der Korken. **2.** der Stau.

la boucle d'oreille [buklədɔʀɛj]
Nomen der Ohrring.

bouclé, bouclée [bukle]
Adjektiv lockig. Sylvie a les cheveux **bouclés**.

la boue [bu]
Nomen der Schlamm. Les chaussures d'Ali étaient couvertes de **boue** après sa promenade dans les champs.

bouger [buʒe]
Verb **1.** bewegen. **2.** sich bewegen. «Haut les mains! Que personne ne **bouge**!» crie le voleur.

la bougie [buʒi]
Nomen
die Kerze. Juliette souffle les **bougies** de son gâteau d'anniversaire.

bouillir [bujiʀ]
Verb kochen. Mémé fait **bouillir** de l'eau pour le thé.

le boulanger, **la boulangère** [bulɑ̃ʒe, bulɑ̃ʒɛʀ]
Nomen
der Bäcker, die Bäckerin.

la boulangerie [bulɑ̃ʒʀi]
Nomen die Bäckerei.

la boule de neige [buldənɛʒ]
Nomen der Schneeball. Jean et Ali lancent des **boules de neige** au voisin.

le bouquet [bukɛ]
Nomen der Strauß. Pour son anniversaire, les enfants offrent un **bouquet** de fleurs à maman.

la bourse [buʀs(ə)]
Nomen
der Geldbeutel.

le bout [bu]
Nomen **1.** das Stück. «Puis-je avoir un **bout** de chocolat?» demande Annie. **2.** das Ende. Jean a vu Ali au **bout** de la rue.

la bouteille [butɛj]
Nomen
die Flasche.

la boutique [butik]
Nomen **1.** der Laden. **2.** der Stand.

le bouton [butɔ̃]
Nomen **1.** der Knopf. Jean a perdu un **bouton** de sa veste.
2. die Knospe.

le boxeur [bɔksœʀ]
Nomen
der Boxer.

la branche [bʀɑ̃ʃ]
Nomen der Ast.

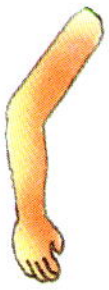

le bras [bʀa]
Nomen
der Arm.

briller [bʀije]
Verb **1.** glänzen. **2.** scheinen. Le soleil **brille** aujourd'hui.

la brique [bʀik]
Nomen der Ziegelstein. La maison est construite en **briques**.

briser [bʀize]
Verb brechen. La branche va se **briser** si Ali continue de s'y accrocher.

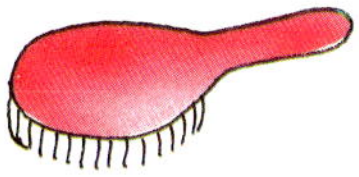

la brosse [bʀɔs]
Nomen
1. die Bürste.
Juliette utilise une **brosse** pour faire la toilette de Minouche.
2. la brosse à dents
die Zahnbürste.

brosser [bʀɔse]
Verb **1.** bürsten. Jean oublie souvent de **brosser** ses cheveux. **2. se brosser les dents** sich die Zähne putzen. Jean et Juliette **se brossent les dents** tous les soirs avant de se coucher.

la brouette [bʀuɛt]
Nomen der Schubkarren.

le brouillard [bʀujaʀ]
Nomen der Nebel. Papa devait rouler très lentement parce qu'il y avait du **brouillard**.

le bruit [bʀɥi]
Nomen **1.** das Geräusch. Jean a entendu des **bruits** bizarres dans le garage. **2.** der Lärm. «Arrêtez ce **bruit**!» dit papa.

brûler [bʀyle]
Verb **1.** brennen. Les pompiers sont arrivés lorsque le toit de la maison commençait à **brûler**.
2. verbrennen. Pépé s'est **brûlé** les doigts en essayant de faire du feu.
3. anbrennen. Papa a laissé **brûler** les saucisses.

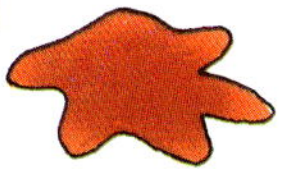

brun, brune [bʀœ̃, bʀyn]
Adjektiv
braun.

le buisson [bɥisɔ̃]
Nomen
das Gebüsch.

le bulldozer [buldozœʀ]
Nomen der Bulldozer.

la bulle [byl]
Nomen die Blase. Jean fait des **bulles** de savon dans son bain.

le bulletin [byltɛ̃]
Nomen das Zeugnis.

le bureau [byʀo]
Nomen
1. das Büro.
2. der Schreibtisch.
Assis à son **bureau**, papa écrit une lettre.

le but [by]
Nomen **1.** das Ziel. **2.** das Tor. La foule applaudit quand un **but** est marqué.

C

Ça [sa]
Pronomen **1.** das. «Qu'est-ce que c'est que **ça**?» a demandé Annie. «**Ça**? **C**'est un petit escargot,» a répondu papa. **2. Ça va** es geht.

la cabane [kaban]
Nomen
die Hütte.

la cacahouette [kakawɛt]
Nomen
die Erdnuß.

cacher [kaʃe]
Verb
1. verstecken.
Pipo a **caché** la pantoufle de pépé dans le jardin.
2. se cacher
sich verstecken.
Annie **se cache** derrière la porte.

cache-cache [kaʃkaʃ]
Nomen das Versteckspiel. Les enfants jouent à **cache-cache** dans le jardin.

le cadeau [kado]
Nomen das Geschenk.

le caddy [kadi]
Nomen der Einkaufswagen. Annie aime se mettre dans le **caddy** quand maman fait les courses.

le café [kafe]
Nomen **1.** der Kaffee. Papa boit seulement une tasse de **café** au petit déjeuner. **2.** das Café.

la cage [kaʒ]
Nomen
der Käfig.
Le lapin de Sylvie dort dans sa **cage**.

le cahier [kaje]
Nomen
1. das Heft.
2. le cahier d'exercices
das Übungsheft.

la calculatrice de poche
[kalkylatʀisdəpɔʃ]
Nomen der Taschenrechner.

le calendrier [kalɑ̃dʀije]
Nomen
der Kalender.

calme [kalm(ə)]
Adjektiv ruhig. Les Martin habitent dans une rue **calme** où il n'y a pas beaucoup de circulation.

le cambrioleur [kɑ̃bʀijɔlœʀ]
Nomen der Einbrecher. Les **cambrioleurs** sont venus dans la nuit et ont volé la télé et le magnétoscope.

la caméra [kameʀa]
Nomen die Filmkamera.

le camion [kamjɔ̃]
Nomen der Lastkraftwagen.

la camionnette [kamjɔnɛt]
Nomen
der Lieferwagen.

la campagne [kɑ̃paɲ]
Nomen das Land. Maman achète le lait et les oeufs à une ferme à la **campagne**.

camper [kɑ̃pe]
Verb zelten. Cet été la famille Martin va **camper** dans le sud de la France.

le camping [kɑ̃pin]
Nomen der Campingplatz. Papa a choisi un petit **camping** près d'un lac.

le Canada [kanada]
Nomen Kanada.

canadien, canadienne [kanadjɛ̃, kanadjɛn]
I. *Adjektiv* kanadisch.
II. *Nomen* **le Canadien, la Canadienne** der Kanadier, die Kanadierin.

le canapé [kanape]
Nomen
das Sofa.

le canard [kanaʀ]
Nomen
die Ente.

le caneton [kantɔ̃]
Nomen das Entlein.

le canif [kanif]
Nomen das Taschenmesser. Pépé a utilisé un **canif** pour couper la corde.

la canne [kan]
Nomen der Spazierstock.

le capitaine [kapitɛn]
Nomen der Kapitän. Jean rêve souvent d'être le **capitaine** d'un grand bateau.

car [kaʀ]
Konjunktion denn. Mémé met ses lunettes pour lire, **car** elle voit mal.

la carotte [kaʀɔt]
Nomen
die Karotte.

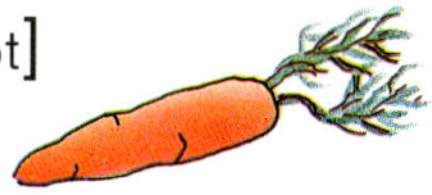

le carré [kaʀe]
I. *Nomen* das Viereck.
II. *Adjektiv* **carré, carrée** viereckig.

le carrousel [kaʀusɛl]
Nomen
das Karussell.

le cartable [kaʀtabl(ə)]
Nomen
die Schultasche.
Le **cartable** de Juliette est déchiré, car elle y a mis trop de livres.

la carte [kaʀt(ə)]
Nomen
1. die Karte.
Juliette a déjà reçu beaucoup de **cartes** pour son anniversaire.
2. la carte postale die Ansichtskarte.
3. die Landkarte. Il y a une **carte** du monde accrochée au mur de la salle de classe.

le carton [kaʀtɔ̃]
Nomen **1.** der Karton. **2.** die Schachtel. Pipo a fait tomber le **carton** de chaussures sur le sol.

le casque [kask]
Nomen der Sturzhelm. Il faut porter un **casque** pour rouler en moto.

la casquette [kaskɛt]
Nomen die Mütze.

casser [kase]
Verb kaputtmachen. Jean vient de **casser** le vase préféré de maman.

la casserole [kasʀɔl]
Nomen der Kochtopf. Maman fait bouillir du lait dans une **casserole**.

la cave [kav]
Nomen der Keller.

la caverne [kavɛʀn(ə)]
Nomen die Höhle.

ce, cet, cette, ces [sə, sɛt, sɛt, se]
Adjektiv dieser, diese, dieses. «Peux-tu me lire **cette** histoire, s'il te plaît?» demande Annie.

ce, c' [s(ə)]
Pronomen der, die, das. «Qui est-**ce**?» demande papa. «**C**'est Mme Durand», dit Jean.

ceci [səsi]
Pronomen dies. «A quoi sert **ceci**?» demande Jean en montrant un outil.

la ceinture [sɛ̃tyʀ]
Nomen 1. der Gürtel. **2. la ceinture de sécurité** der Sicherheitsgurt. Il faut toujours mettre la **ceinture de sécurité** en voiture.

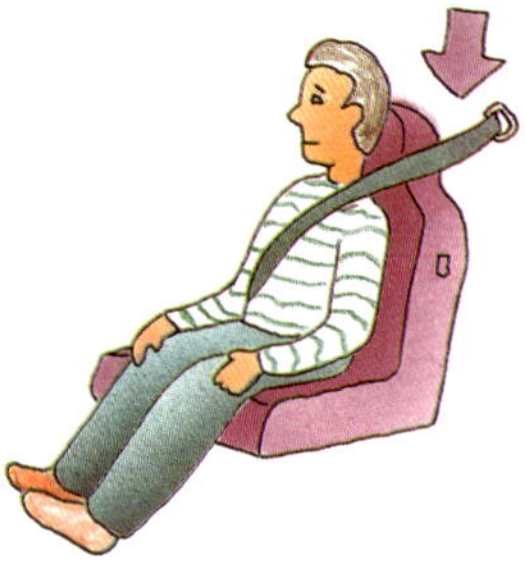

cela [səla]
Pronomen **1.** das. Annie a cassé un oeuf. «**Cela** ne fait rien, j'en ai encore assez pour faire le gâteau», dit maman. **2.** jenes.

célèbre [selɛbʀ(ə)]
Adjektiv berühmt. Sylvie raconte à Juliette qu'elle a vu un acteur **célèbre** dans un restaurant à Paris.

celui, celle, ceux, celles [səlɥi, sɛl, sø, sɛl]
Pronomen derjenige, diejenige, dasjenige. La poupée préférée d'Annie est **celle** que mémé lui a offerte pour Noël.

celui-ci, celui-là [səlɥisi, səlɥila]
Pronomen der hier, der da.

cent [sɑ̃]
Adjektiv hundert.

le centre [sɑ̃tʀ(ə)]
Nomen **1.** das Zentrum. Maman a pris le bus pour aller au **centre** de la ville. **2. le centre commercial** das Einkaufszentrum. Il y a beaucoup de magasins dans ce **centre commercial**.

le cercle [sɛʀkl(ə)]
Nomen der Kreis.

le cerf [sɛʀ]
Nomen der Hirsch. Il y a beaucoup de **cerfs** dans les bois.

le cerf-volant [sɛʀvɔlɑ̃]
Nomen der Drachen. Jean fait voler son nouveau **cerf-volant** sur la plage.

la cerise [s(ə)ʀiz]
Nomen die Kirsche. Les enfants aident papa à cueillir des **cerises** dans le jardin.

certain, certaine [sɛʀtɛ̃, sɛʀtɛn]
Adjektiv **1.** sicher. «Es-tu **certain** d'avoir éteint la lumière?» demande maman. **2. certains, certaines** einige. **Certaines** amies de Juliette viendront à sa fête.

certainement [sɛʀtɛnmɑ̃]
Adverb sicherlich. Aujourd'hui le professeur est toujours malade, mais il reviendra **certainement** demain.

chacun, chacune [ʃakœ̃, ʃakyn]
Pronomen jeder, jede, jedes. **Chacun** sait que les baleines ne sont pas des poissons.

la chaîne [ʃɛn]
Nomen
die Kette.
Mémé porte une **chaîne** en or autour du cou.

la chaise [ʃɛz]
Nomen
der Stuhl.

la chaleur [ʃalœʀ]
Nomen die Hitze. La **chaleur** de midi est tellement insupportable pour Pipo qu'il est allé se coucher à l'ombre.

la chambre [ʃɑ̃bʀ(ə)]
Nomen **1.** das Zimmer. Les enfants des Martin ont des **chambres** séparées. **2. la chambre à coucher** das Schlafzimmer.

le chameau [ʃamo]
Nomen
das Kamel.

le champ [ʃɑ̃]
Nomen das Feld. Dans le **champ**, les agneaux jouent près de leur mère.

le champignon [ʃɑ̃piɲɔ̃]
Nomen
der Pilz.

la chance [ʃɑ̃s]
Nomen **1.** die Chance. **2.** das Glück. **3. Bonne chance**! Viel Glück! Avant son examen de danse, mémé a souhaité **bonne chance** à Juliette. **4. avoir de la chance** Glück haben.

changer [ʃɑ̃ʒe]
Verb **1.** wechseln. Avant d'aller en Allemagne, papa **change** de l'argent à la banque. **2.** sich verändern. Oncle Fernand a **changé** depuis la dernière fois que Jean l'a vu: il s'est laissé pousser la barbe. **3.** sich umziehen. Jean a dû **se changer** après être tombé dans la rivière. **4.** umsteigen. Pour aller au stade, il faut **changer** de bus deux fois .

la chanson [ʃɑ̃sɔ̃]
Nomen das Lied.

le chant [ʃɑ̃]
Nomen **1.** das Lied. **2.** der Gesang.

chanter [ʃɑ̃te]
Verb singen. Papa aime **chanter** dans son bain.

le chanteur, la chanteuse
[ʃɑ̃tœʀ, ʃɑ̃tøz]
Nomen
der Sänger,
die Sängerin.

le chapeau [ʃapo]
Nomen
der Hut.
Mémé porte un **chapeau** aujourd'hui.

chaque [ʃak]
Adjektiv **1.** jeder, jede, jedes. **Chaque** enfant a reçu une part de gâteau à la fête de Juliette.
2. chaque fois jedesmal. **Chaque fois** que Jean et Pipo vont se promener, ils rentrent couverts de boue.

la charcuterie [ʃaʀkytʀi]
Nomen die Metzgerei.

charmant, charmante [ʃaʀmɑ̃, ʃaʀmɑ̃t]
Adjektiv charmant.

chasser [ʃase]
Verb jagen. Minouche aime **chasser** les souris.

le chat [ʃa]
Nomen
die Katze.
Minouche est le **chat** de la famille.

le château [ʃato]
Nomen
das Schloß.
La reine habite un grand **château**.

chaud, chaude [ʃo, ʃod]
Adjektiv **1.** warm. Ali n'aime pas quand il fait très **chaud** en été.
2. heiß. Jean aime boire une tasse de chocolat **chaud** en hiver.

le chauffage [ʃofaʒ]
Nomen
die Heizung.

chauffer [ʃofe]
Verb heizen.

la chaussette [ʃosɛt]
Nomen
die Socke.
Ali a un trou à sa **chaussette**.

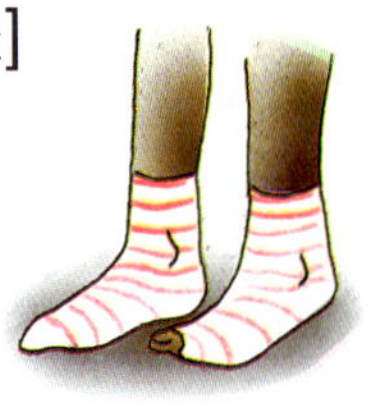

la chaussure [ʃosyʀ]
Nomen
1. der Schuh.
A la maison papa met toujours ses pantoufles après avoir enlevé ses **chaussures**.
2. la chaussure de sport der Sportschuh.

la chauve-souris [ʃovsuʀi]
Nomen die Fledermaus.

le chef [ʃɛf]
Nomen
1. der Chef, die Chefin.
2. le chef d'orchestre der Dirigent, die Dirigentin.

le chemin [ʃ(ə)mɛ̃]
Nomen **1.** der Weg. «Pouvez-vous me montrer le **chemin** pour aller à la poste?» demande l'étranger. **2. le chemin de fer** die Eisenbahn.

la cheminée [ʃ(ə)mine]
Nomen
1. der Schornstein.
Un gros nuage de fumée sortait de la **cheminée** de l'usine. **2.** der offene Kamin. La place favorite de Minouche est le fauteuil près de la **cheminée.**

la chemise [ʃ(ə)miz]
Nomen das Hemd.

le chemisier [ʃ(ə)mizje]
Nomen
die Bluse.

la chenille [ʃ(ə)nij]
Nomen
die Raupe.
Juliette regardait la **chenille** ramper sur le chou-fleur.

le chèque [ʃɛk]
Nomen der Scheck.

cher, chère [ʃɛʀ]
Adjektiv **1.** teuer. «Nous ne pouvons pas acheter de nouvelle voiture, car elles sont trop **chères**», dit papa.
2. lieber, liebe. Juliette commence une lettre à sa tante par les mots: «**Chère** tante Sarah...».

chercher [ʃɛʀʃe]
Verb **1.** suchen. **2. aller chercher** holen. Pipo **va** toujours **chercher** le bâton que lui lance Jean.
3. abholen. Maman **va chercher** Annie à l´école maternelle à midi.

le chéri, la chérie [ʃeʀi]
Nomen der Liebling. «Viens me voir plus souvent, ma petite **chérie**», dit tante Sarah à Juliette.

le cheval, les chevaux [ʃ(ə)val, ʃ(ə)vo]
Nomen
1. das Pferd, die Pferde.
2. le cheval à bascule das Schaukelpferd.

le chevalier [ʃ(ə)valje]
Nomen der Ritter. Jean joue au **chevalier** sur son vélo: il fait comme s'il était sur un cheval.

le cheveu, les cheveux [ʃ(ə)vø]
Nomen das Haar, die Haare. Pépé et mémé ont les **cheveux** gris.

la cheville [ʃ(ə)vij]
Nomen
der Knöchel.

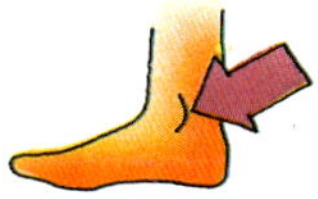

la chèvre [ʃɛvʀ(ə)]
Nomen
die Ziege.

le chewing-gum [ʃwiŋgɔm]
Nomen der Kaugummi.

chez [ʃe]
Präposition bei. Sylvie va passer les vacances de pâques **chez** sa grand-mère.

chic [ʃik]
Adjektiv schick.

le chien [ʃjɛ̃]
Nomen
der Hund.
Pipo est le **chien** de la famille Martin.

le chiffre [ʃifʀ(ə)]
Nomen die Zahl.

le chimpanzé [ʃɛ̃pɑ̃ze]
Nomen der Schimpanse.

la Chine [ʃin]
Nomen
China.

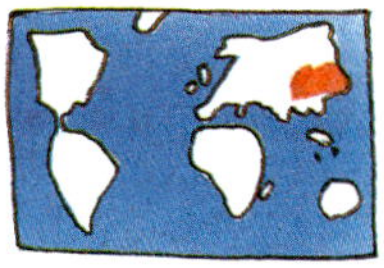

chinois, chinoise [ʃinwa, ʃinwaz]
I. *Adjektiv* chinesisch.
II. *Nomen* **1. le Chinois, la Chinoise** der Chinese, die Chinesin. **2. le chinois** das Chinesische.

le chiot [ʃjo]
Nomen das Hündchen. Les Martin ont reçu Pipo quand il était encore un tout petit **chiot**.

les chips [ʃip(s)]
Nomen, Maskulinum die Kartoffelchips. Ali mange toujours des **chips** à déjeuner.

le chocolat [ʃɔkɔla]
Nomen die Schokolade. Parfois, mémé achète une tablette de **chocolat** pour Jean et Juliette.

choisir [ʃwaziʀ]
Verb **1.** aussuchen. Juliette a **choisi** un livre sur les chevaux à la bibliothèque. **2.** wählen. «Tu peux **choisir** de la glace à la fraise ou bien au chocolat», dit maman.

la chorale [kɔʀal]
Nomen der Chor.

la chose [ʃoz]
Nomen das Ding. «Quelle est cette **chose** étrange là-bas, maman?» demande Annie.

le chou [ʃu]
Nomen **1.** der Kohl. Pépé est très fier des **choux** qui poussent dans son jardin. **2. le chou-fleur** der Blumenkohl.

chuchoter [ʃyʃɔte]
Verb flüstern.

la chute [ʃyt]
Nomen **1.** der Sturz. **2. la chute d'eau** der Wasserfall.

le ciel [sjɛl]
Nomen der Himmel. «Y a-t-il des anges dans le **ciel**?» demande Jean.

la cigale [sigal]
Nomen die Grille.

la cigogne [sigɔɲ]
Nomen der Storch.

le cil [sil]
Nomen die Wimper.

le cinéma [sinema]
Nomen das Kino. «Que ce qu'il y a au **cinéma** aujourd'hui?» demande Ali.

cinq [sɛ̃k]
Adjektiv fünf.

cinquante [sɛ̃kɑ̃t]
Adjektiv fünfzig.

le cirage [siʀaʒ]
Nomen die Schuhcreme.

la circulation [siʀkylasjɔ̃]
Nomen der Verkehr. Le bus était en retard - il y avait trop de **circulation**.

le cirque [siʀk(ə)]
Nomen der Zirkus.

les ciseaux [sizo]
Nomen, Maskulinum die Schere. Juliette utilise une paire de **ciseaux** pour couper une feuille de papier.

le citron [sitʀɔ̃]
Nomen die Zitrone.

la citrouille [sitʀuj]
Nomen der Kürbis.

clair, claire [klɛʀ]
Adjektiv **1.** klar. «Est-ce **clair**, les enfants?» demande le professeur. **2.** hell. Ali porte un T-shirt vert **clair**.

la clarinette [klaʀinɛt]
Nomen die Klarinette.

la classe [klas]
Nomen die Schulklasse. Juliette est la plus grande de sa **classe**.

la clé [kle]
Nomen der Schlüssel. Maman ne trouve pas les **clés** de la voiture.

la cloche [klɔʃ]
Nomen
die Glocke.
Les **cloches** de l'église sonnent fort le dimanche matin.

la clôture [klotyʀ]
Nomen der Zaun.

le clou [klu]
Nomen
der Nagel.

le clown [klun]
Nomen
der Clown.

le club [klœb]
Nomen der Verein. Maman a gagné un prix au **club** de tennis.

le coca [kɔka]
Nomen das Cola.

la coccinelle [kɔksinɛl]
Nomen der Marienkäfer.
«Papa viens voir, j'ai trouvé une **coccinelle** à sept points sur le dos», crie Jean.

le cochon [kɔʃɔ̃]
Nomen
1. das Schwein.
2. le petit cochon das Ferkel. **3. le cochon d'Inde** das Meerschweinchen.

le coeur [kœʀ]
Nomen **1.** das Herz. **2. par coeur** auswendig. Juliette connaît le poème **par coeur**.

le coffre [kɔfʀ(ə)]
Nomen
1. die Truhe.
2. der Kofferraum.

cogner [kɔɲe]
Verb **1.** stoßen. Annie s'est **cognée** la tête contre le bord de la table.
2. schlagen.

coiffer [kwafe]
Verb kämmen.

le coiffeur, **la coiffeuse** [kwafœʀ, kwafœs]
Nomen
der Friseur,
die Friseuse.
Maman pense que le **coiffeur** a coupé les cheveux de Jean trop court.

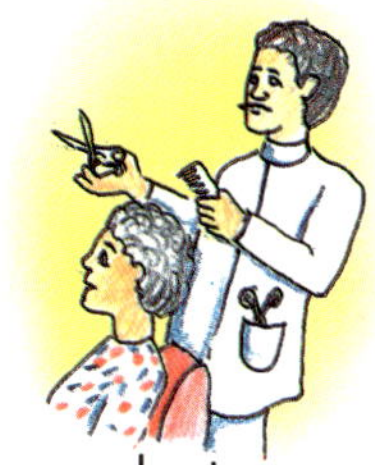

le coin [kwɛ̃]
Nomen die Ecke. Sylvie attendait Juliette au **coin** de la rue.

la colère [kɔlɛʀ]
Nomen **1.** die Wut. **2. être en colère** auf jemanden wütend sein.

collant, collante [kɔlɑ̃, kɔlɑ̃t]
Adjektiv klebrig. Les doigts de Jean sont **collants**, car ils sont couverts de confiture.

la colle [kɔl]
Nomen der Klebstoff.

la collection [kɔlɛksjɔ̃]
Nomen die Sammlung. Ali garde sa **collection** de dinosaures dans sa chambre.

collectionner [kɔlɛksjɔne]
Verb sammeln. Ali **collectionne** les dinosaures.

coller [kɔle]
Verb kleben. Juliette **colle** des photos dans son album.

le collier [kɔlje]
Nomen die Halskette.

la colline [kɔlin]
Nomen der Hügel. Il y a une grande maison qui se trouve sur la **colline**.

la colombe [kɔlɔ̃b]
Nomen die Taube.

combien [kɔ̃bjɛ̃]
Adverb wieviel. «Ce livre coûte **combien**?» demande Sylvie au marchand.

commander [kɔmɑ̃de]
Verb **1.** befehlen. **2.** bestellen. Ali a **commandé** un grand morceau de gâteau avec de la crème.

comme [kɔm]
Präposition wie. «**Comme** Pipo, ce chien a des poils longs», dit papa.

commencer [kɔmɑ̃se]
Verb anfangen. Juliette veut regarder le film qui **commence** à huit heures.

comment [kɔmɑ̃]
Adverb wie. **Comment** dit-on «merci» en allemand?

commode [kɔmɔd]
I. *Adjektiv* bequem.
II. *Nomen*
la commode die Kommode. Juliette range ses pulls dans une **commode**.

comparer [kɔ̃paʀe]
Verb vergleichen. Le professeur demande à la classe de **comparer** les deux feuilles.

la compétition [kɔ̃petisjɔ̃]
Nomen der Wettbewerb.

comprendre [kɔ̃pʀɑ̃dʀ(ə)]
Verb **1.** verstehen. Mémé ne **comprend** pas l'allemand. **2.** umfassen. L'exercice de maths **comprend** trois questions.

compter [kɔ̃te]
Verb zählen. Annie apprend à **compter**.

le concert [kɔ̃sɛʀ]
Nomen das Konzert. Toute la famille est allée au **concert** donné par l'orchestre de l'école.

le concombre [kɔ̃kɔ̃bʀ(ə)]
Nomen die Gurke.

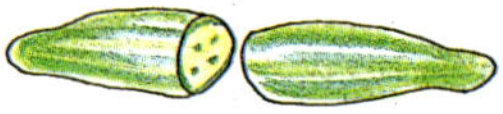

le concours [kɔ̃kuʀ]
Nomen der Wettbewerb.

le conducteur, la conductrice [kɔ̃dyktœʀ, kɔ̃dyktʀis]
Nomen der Fahrer, die Fahrerin. La police a arrêté le **conducteur** parce qu'il roulait trop vite.

conduire [kɔ̃dɥiʀ]
Verb **1.** führen. Cette route **conduit** à la maternelle. **2. se conduire** sich benehmen. «**Conduisez-vous** mieux!» gronde pépé.

la confiance [kɔ̃fjɑ̃s]
Nomen **1.** das Vertrauen. **2. faire confiance à** vertrauen. «Tu peux **me faire confiance**, je ne le dirai à personne», dit Jean.

la confiture [kɔ̃fityʀ]
Nomen die Marmelade. Mémé fait de la **confiture** avec les fruits de son propre jardin.

confortable [kɔ̃fɔʀtabl(ə)]
Adjektiv bequem.

la connaissance [kɔnɛsɑ̃s]
Nomen **1.** die Kenntnis. **2. perdre connaissance** ohnmächtig werden.

connaître [kɔnɛtʀ(ə)]
Verb kennen.

conseiller [kɔ̃seje]
Verb raten. Le docteur **conseille** au patient de rester au lit.

construire [kɔ̃stʀɥiʀ]
Verb bauen. Annie **construit** une tour avec ses blocs de bois.

le conte de fées [kɔ̃tdəfe]
Nomen das Märchen. «Blanche Neige» est le **conte de fées** favori d'Annie.

contenir [kɔ̃tniʀ]
Verb enthalten. Cette boîte **contient** des chocolats pour maman.

content, contente [kɔ̃tɑ̃, kɔ̃tɑ̃t]
Adjektiv **1.** froh. Pipo est **content** de voir les enfants quand ils rentrent de l'école. **2.** zufrieden.

continuer [kɔ̃tinɥe]
Verb **continuer de faire quelque chose** etwas weitermachen. Il a commencé à pleuvoir, mais pépé **continue de** travailler dans le jardin.

le contraire [kɔ̃tʀɛʀ]
Nomen **1.** das Gegenteil. «Froid» est le **contraire** de «chaud». **2. au contraire** im Gegenteil.

contre [kɔ̃tʀ(ə)]
I. *Präposition* gegen. L'échelle est posée **contre** l'arbre.
II. *Adverb* dagegen. Jean veut sortir jouer avant de faire ses devoirs, mais maman est **contre**.

le contrôleur [kɔ̃tʀolœʀ]
Nomen der Schaffner.

le copain, la copine [kɔpɛ̃, kɔpin]
Nomen der Freund, die Freundin.

la copie [kɔpi]
Nomen die Kopie. Le professeur a fait des **copies** des exercices et les a données aux élèves.

copier [kɔpje]
Verb **1.** kopieren. **2.** abschreiben. Parfois Jean **copie** les devoirs d'Ali.

le coq [kɔk]
Nomen der Hahn.

la coquille [kɔkij]
Nomen **1.** die Muschel. **2.** die Nußschale.

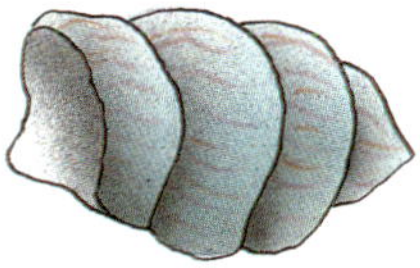

le corbeau [kɔʀbo]
Nomen der Rabe.

la corde [kɔʀd(ə)]
Nomen **1.** das Seil. **2. la corde à sauter** das Sprungseil.

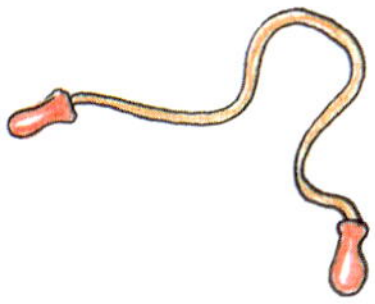

la corne [kɔʀn(ə)]
Nomen das Horn. La chèvre essaie de pousser papa avec ses **cornes**.

la corneille [kɔʀnɛj]
Nomen
die Krähe.

le corps [kɔʀ]
Nomen der Körper.

correct, correcte [kɔʀɛkt, kɔʀɛkt(ə)]
Adjektiv richtig. Pour une fois, Jean donne une réponse **correcte** à la question du professeur.

corriger [kɔʀiʒe]
Verb korrigieren. Le professeur **corrige** les devoirs des élèves.

le costume [kɔstym]
Nomen **1.** das Kostüm. **2.** der Anzug. Papa doit porter un **costume** au travail.

la côte [kot]
Nomen
1. die Rippe.
2. die Küste.

le côté [kɔte]
I. *Nomen*
die Seite.
En Grande-Bretagne, les voitures roulent sur le **côté** gauche.

II. *Adverb* **à côté** nebenan. «Qui est Mme Dupont?» demande le facteur. «C'est notre voisine, elle habite **à côté**», répond Jean.
III. *Präposition* **à côté de** neben. Juliette est assise **à côté de** maman.

la côtelette [kotlɛt]
Nomen das Kotelett.

le cou [ku]
Nomen der Hals. Le **cou** de la girafe est très long.

coucher [kuʃe]
I. *Verb* **1. se coucher** sich hinlegen. Pipo **s'est couché** sur le gazon.
2. être couché liegen. Jean **est couché** et dort dans son lit. **3. aller se coucher** ins Bett gehen.
II. *Nomen*
le coucher du soleil der Sonnenuntergang.

le coude [kud]
Nomen
der Ellbogen.
Jean se frotte le **coude** après s'être cogné contre le lavabo.

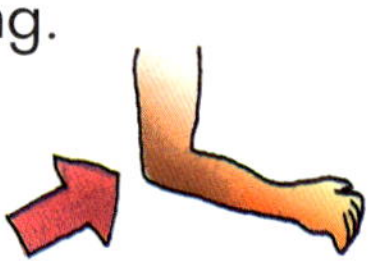

coudre [kudʀ(ə)]
Verb nähen.
Maman a **cousu** une nouvelle robe pour Annie.

la couleur [kulœʀ]
Nomen die Farbe. Le rouge est la **couleur** favorite de Juliette.

le couloir [kulwaʀ]
Nomen
der Flur.
Le professeur a dit aux enfants de ne pas courir dans le **couloir**.

le coup [ku]
Nomen der Schlag. Jean a reçu un **coup** sur la tête en tombant de son vélo.

couper [kupe]
Verb schneiden. Maman **coupe** douze morceaux de gâteau.

la cour [kuʀ]
Nomen der Hof.

le courant [kuʀɑ̃]
Nomen der Strom.

courir [kuʀiʀ]
Verb rennen. Jean **court** plus vite qu'Ali.

la couronne [kuʀɔn]
Nomen
die Krone.

le cours [kuʀ]
Nomen die Unterrichtsstunde.

la course [kuʀs(ə)]
Nomen **1.** das Rennen. Ali est arrivé dernier de la **course**. **2. faire les courses** einkaufen.

court, courte [kuʀ, kuʀt(ə)]
Adjektiv kurz. Juliette aime porter des jupes **courtes**.

le cousin, la cousine [kuzɛ̃, kuzin]
Nomen der Cousin, die Cousine.

le coussin [kusɛ̃]
Nomen
das Kissen.
Mémé a besoin d'un autre **coussin** dans ce grand fauteuil.

le couteau [kuto]
Nomen
das Messer.

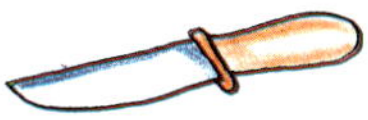

coûter [kute]
Verb kosten. «Combien la bande dessinée a-t-elle **coûtée**?» demande Jean à Ali.

le couvercle [kuvɛʀkl(ə)]
Nomen
der Deckel.
Jean n'arrive pas à ouvrir le **couvercle** du pot de confiture, il demande à papa de le faire pour lui.

la couverture [kuvɛʀtyʀ]
Nomen die Decke.

couvrir [kuvʀiʀ]
Verb zudecken. Avant de se coucher, maman **couvre** Annie pour qu'elle n'ait pas froid.

le cow-boy [kawbɔj]
Nomen der Cowboy.
Jean et Ali aiment jouer aux indiens et aux **cow-boys**.

le crabe [kʀab]
Nomen
die Krabbe.
Jean a trouvé un **crabe** sur la plage et l'a posé sur le ventre de papa.

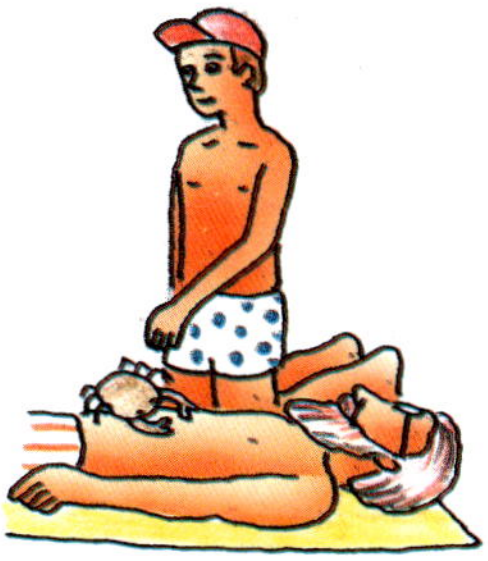

la craie [kʀɛ]
Nomen
die Kreide.
Le professeur écrit au tableau avec une **craie**.

la cravatte [kʀavat]
Nomen
die Krawatte.
Papa porte sa nouvelle cravatte aujourd'hui.

le crayon [kʀɛjɔ̃]
Nomen
1. der Bleistift.

2. le crayon de couleur der Buntstift. **3. le crayon-feutre** der Filzstift.

la crème [kʀɛm]

Nomen
die Sahne.
Juliette aime le chocolat chaud avec de la **crème**.

creuser [kʀøze]

Verb graben.
Papa **creuse** un trou dans le jardin pour planter un arbre.

crier [kʀije]
Verb schreien. Jean **criait** au secours au sommet de l'arbre.

le crocodile [kʀɔkɔdil]

Nomen das Krokodil.

croire [kʀwaʀ]
Verb **1.** glauben. «Je **crois** qu'il va pleuvoir», dit maman. **2. croire à quelque chose** an etwas glauben. **Croyez**-vous **aux** fantômes?

croiser [kʀwaze]
Verb **1.** kreuzen. **2.** begegnen. Maman a **croisé** Mme Dupont à la poste.

le croissant [kʀwaze]
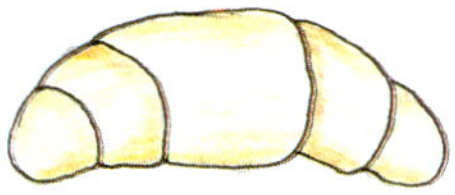
Nomen das Hörnchen.

la croix [kʀwa]
Nomen das Kreuz. Il y a une **croix** sur la tour de l'église.

la crosse de hockey [kʀɔsdɔkɛ]
Nomen der Hockeyschläger

cru, crue [kʀy]
Adjektiv roh. Annie mange une carotte **crue**.

cruel, cruelle [kʀyɛl, kʀyɛl]
Adjektiv grausam. Certaines personnes pensent qu'il est **cruel** de garder des animaux en cage.

cueillir [kœjiʀ]

Verb
pflücken.
Papa **cueille** des poires dans le jardin.

la cuillère [kɥijɛʀ]

Nomen
der Löffel.

le cuir [kɥiʀ]
Nomen das Leder.

cuire [kɥiʀ]
Verb **1.** kochen. **2. cuire au four** backen.

la cuisine [kɥizin]
Nomen **1.** die Küche. On remarque que papa est passé par la **cuisine**, il a laissé brûler les toasts. **2. faire la cuisine** kochen. Papa **fait la cuisine** ce soir.

le cuisinier [kɥizinje]

Nomen
der Koch.
Le cuisinier porte un grand chapeau blanc.

la cuisinière [kɥizinjɛʀ]
Nomen **1.** die Köchin. **2.** der Herd.

la culotte [kylɔt]
Nomen
1. die Hose.
2. les culottes courtes die Shorts.

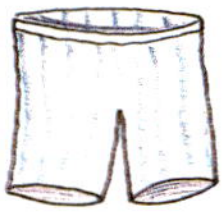

cultiver [kyltive]
Verb anbauen. Pépé **cultive** aussi des haricots dans son jardin.

curieux, curieuse [kyʀjø, kyʀjøz]
Adjektiv **1.** neugierig. Jean était **curieux** de savoir ce que papa faisait dans le garage. **2.** gespannt. «Je suis **curieuse** de voir la réaction de Juliette quand elle verra son cadeau», dit maman.

le cygne [siɲ]
Nomen
der Schwan.

D

d'abord [dabɔʀ]
Adverb zuerst. Les enfants doivent **d'abord** faire leurs devoirs avant de sortir pour jouer.

la dame [dam]
Nomen die Dame.

le Danemark [danmaʀk]
Nomen
Dänemark.

le danger [dɑ̃ʒe]
Nomen die Gefahr. Le panneau près de la rivière indique: «**Danger**: eau profonde».

dangereux, dangereuse [dɑ̃ʒʀø, dɑ̃ʒʀøz]
Adjektiv gefährlich. Il est **dangereux** de traverser la rue sans regarder à droite et à gauche.

danois, danoise [danwa, danwaz]
I. *Adjektiv* dänisch.
II. *Nomen* **1. le Danois, la Danoise** der Däne, die Dänin. **2. le danois** das Dänische.

dans [dɑ̃]
Präposition in.
Jean est tombé **dans** la rivière.
Papa veut acheter une nouvelle voiture **dans** deux ans.

la danse [dɑ̃s]
Nomen der Tanz.

danser [dɑ̃se]
Verb tanzen. Maman aime **danser**, mais pas papa.

le danseur, la danseuse [dɑ̃sœʀ, dɑ̃søz]
Nomen
der Tänzer,
die Tänzerin.

la date [dat]
Nomen das Datum. «Quelle est la **date** aujourd'hui?» demande Jean.

de [d(ə)]
Präposition **1.** von. La lettre vient **de** tante Sarah. **2.** aus. Les kangourous viennent **d'**Australie. **3. de ... à** von ... bis. Pépé a travaillé dans le jardin **de** dix heures **à** midi.

le dé [de]
Nomen
der Würfel.

débarrasser [debaʀase]
Verb **1.** abräumen. Maman **débarrasse** la table après le repas. **2. se débarrasser de** loswerden. Pipo n'arrive pas à **se débarrasser d**'une abeille qui vole autour de sa tête.

debout [dəbu]
Adverb **1. être debout** stehen. Jean **est debout** dans le bus, il n'a pas trouvé de place. **2. se mettre debout** aufstehen.

le début [deby]
Nomen **1.** der Anfang. **2. au début** am Anfang. Maman fait les courses **au début** de la semaine.

décembre [desɑ̃bʀ(ə)]
Nomen, Maskulinum Dezember.

déchirer [deʃiʀe]
Verb zerreißen. Pipo a **déchiré** la pantoufle de pépé.

décider [deside]
Verb **1.** entscheiden. **2.** beschließen. Jean et Ali **décident** de se rendre à la rivière en vélo. **3. se décider** sich entscheiden.

décorer [dekɔʀe]
Verb **1.** schmücken. Tous les enfants aident à **décorer** le sapin de Noël. **2.** verzieren. Maman **décore** le gâteau de Juliette.

découvrir [dekuvʀiʀ]
Verb entdecken.

déçu, déçue [desy]
Adjektiv enttäuscht. Juliette est **déçue** car elle a eu une mauvaise note en allemand.

dedans [d(ə)dɑ̃]
Adverb **1.** drinnen. **2.** hinein. «Venez **dedans**, c'est l'heure de manger,» a crié maman.

la défaite [defɛt]
Nomen die Niederlage.

défendre [defɑ̃dʀ(ə)]
Verb **1.** verbieten. Maman a **défendu** aux enfants de jouer dans la rue. **2.** verteidigen.

dehors [dəɔʀ]
Adverb **1.** draußen. Les enfants sont **dehors** et jouent dans la neige. **2. dehors**! raus! «**Dehors**! Sors de la cuisine, Pipo!» crie maman.

déjà [deʒa]
Adverb schon. Sylvie a **déjà** fini ses devoirs.

déjeuner [deʒœne]
I. *Verb* zu Mittag essen.
II. *Nomen* **1. le déjeuner** das Mittagessen. **2. le petit déjeuner** das Frühstück. «Lève-toi maintenant, ou tu ne vas pas avoir le temps de prendre ton **petit déjeuner**!» dit maman à Jean.

délicieux, délicieuse [delisjø, delisjøz]
Adjektiv lecker. Les biscuits de maman sont vraiment délicieux: Ali en a déjà mangé six!

demain [d(ə)mɛ̃]
Adverb **1.** morgen. Juliette va à son cours de danse **demain**. **2. demain matin** morgen früh.

demander [d(ə)mɑ̃de]
Verb **1.** fragen. Juliette **demande** à papa si elle peut aller au cinéma avec Sylvie. **2.** verlangen. Le professeur **demande** aux élèves de se lever. **3. demander quelque chose** um etwas bitten. Juliette **demande** un autre morceau de gâteau.
4. demander à quelqu'un de faire quelque chose jemanden bitten, etwas zu tun. Maman **demande à** Jean **de** ranger sa chambre.

demi, demie [d(ə)mi]
Adjektiv halb. L'école commence à huit heures et **demie**.

la dent [dɑ̃]
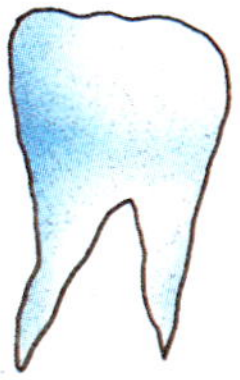
Nomen der Zahn. «Brossez-vous les **dents** après chaque repas», recommande le dentiste.

le dentifrice [dɑ̃tifʀis]
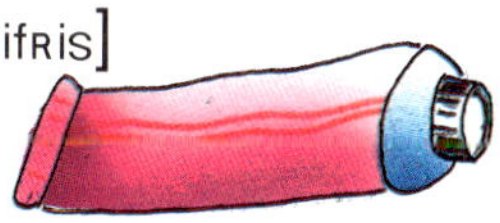
Nomen die Zahnpasta.

le, la dentiste [dɑ̃tist(ə)]
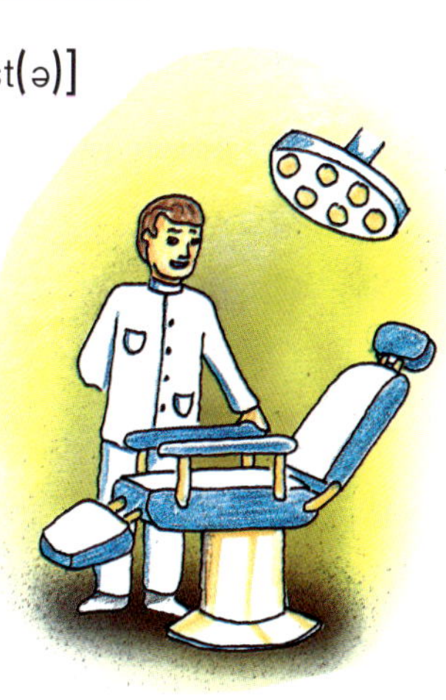
Nomen der Zahnarzt, die Zahnärztin. Personne n'aime aller chez le **dentiste**, mais si on ne le fait pas, on perd ses dents!

dépasser [depase]
Verb überholen. Papa a **depassé** un camion sur l'autoroute.

dépenser [depɑ̃se]
Verb ausgeben. Ali a **dépensé** beaucoup d'argent pour un nouveau jeu-vidéo.

depuis [dəpɥi]
I. *Präposition* **1.** seit. Ali attend Jean **depuis** trois heures. **2. depuis … jusqu'à** von … bis.
II. *Konjunktion* **depuis que** seitdem.

déranger [deʀɑ̃ʒe]
Verb stören. «S'il te plaît, ne **dérange** pas papa quand il travaille», dit maman.

dernier, dernière [dɛʀnje, dɛʀnjɛʀ]
Adjektiv **1.** letzter, letzte, letztes. Ali a mangé le **dernier** biscuit qui était dans la boîte. **2. le dernier étage** das oberste Stockwerk.

derrière [dɛʀjɛʀ]

I. *Präposition* hinter. Annie se cache **derrière** l'arbre.
II. *Adverb* hinten. Dans la voiture, les parents sont assis devant et les enfants sont assis **derrière**.
III. *Nomen* **le derrière** der Hintern. Papa glisse sur la glace et tombe sur le **derrière**.

des [de]
siehe **de.**
I. *Artikel* **1.** einige. Il y a **des** enfants qui jouent dans le parc.
II. *Präposition* **1.** von den. En automne, les feuilles tombent **des** arbres. **2.** aus den. **3.** der. «Ne jouez pas dans le jardin **des** voisins», avertit maman.

désagréable [dezagʀeabl(ə)]
Adjektiv unangenehm.

descendre [desɑ̃dʀ(ə)]
Verb **1.** heruntergehen.
2. aussteigen. Mémé **descend** du bus.

déshabiller [dezabije]
Verb **1.** ausziehen. **2. se déshabiller** sich ausziehen.

désirer [deziʀe]
Verb wünschen.

désolé, désolée [dezɔle]
Adjektiv **je suis désolé** es tut mir leid. «**Je suis désolé**», a dit Jean quand il a brisé le vase favori de maman.

le désordre [dezɔʀdʀ(ə)]
Nomen **1.** die Unordnung. «Jean, as-tu vu le **désordre** que tu as fait dans ta chambre?» gronde maman.
2. en désordre unordentlich.

le dessert [desɛʀ]
Nomen der Nachtisch.

le dessin [desɛ̃]
Nomen
1. die Zeichnung. Jean a fait un **dessin** de Pipo.
2. le dessin animé der Zeichentrickfilm.

dessiner [desine]
Verb zeichnen. Juliette **dessine** un cheval.

dessous [d(ə)su]
I. *Adverb* darunter. Le prix du livre est marqué **dessous**.
II. *Nomen* **le dessous** die Unterseite.

dessus [d(ə)sy]
I. *Adverb* **1.** darauf. **2.** darüber.
II. le dessus *Nomen* **1.** die Oberseite.**2.** das Oberteil.

détester [detɛste]
Verb **1.** hassen.**2.** nicht ausstehen können. Juliette **déteste** les araignées et maman **déteste** repasser le linge.

deux [dø]
Adjektiv **1.** zwei. **2.** beide. Les **deux** enfants emmènent Pipo pour une promenade. **3. tous, toutes (les) deux** alle beide. **Tous deux** sont fatigués d'avoir fait une aussi longue promenade avec Pipo.

deuxième [døzjɛm]
Adjektiv zweiter, zweite, zweites. Pipo est le **deuxième** chien de la famille Martin.

devant [d(ə)vɑ̃]
I. *Präposition* vor. Au magasin, maman était **devant** M. Dupont dans la file d'attente.
II. *Adverb*
1. voraus. «Marchez **devant,** les enfants» a dit l'instituteur.
III. *Nomen* **le devant**.

développer [devlɔpe]
Verb entwickeln. Papa a fait **développer** des photos.

devenir [dəvniʀ]
Verb werden.
Ali veut **devenir** astronaute quand il sera grand.

deviner [d(ə)vine]
Verb raten. Ali n'a pas pu **deviner** ce que Jean cachait derrière son dos.

devoir [d(ə)vwaʀ]
I. *Verb* müssen. Maman **doit** encore faire sa valise avant de partir en vacances.
II. *Nomen* **le devoir 1.** die Aufgabe. **2.** die Hausaufgabe. Jean doit faire ses **devoirs** avant de pouvoir aller à la fête.

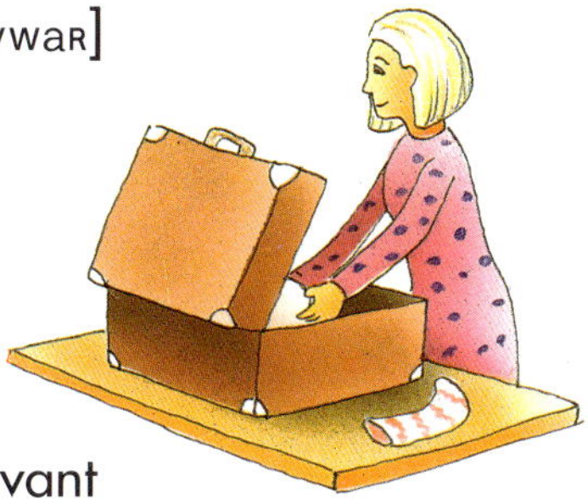

le diable [djɑbl(ə)]
Nomen der Teufel.

le diamant [djamɑ̃]
Nomen der Diamant. Mémé a une bague avec un **diamant**.

le dictionnaire [diksjɔnɛʀ]
Nomen das Wörterbuch. «Si vous ne savez pas ce que veut dire «jumelles», regardez donc dans un **dictionnaire**», dit papa à Juliette.

le dieu, la déesse [djø, deɛs]
Nomen der Gott, die Göttin.

la différence [difeʀɑ̃s]
Nomen der Unterschied.

différent, différente [difeʀɑ̃, difeʀɑ̃t]
Adjektiv **1.** verschieden. Il y a **différentes** sortes de fleurs qui poussent dans le jardin. **2.** anderer, andere, anderes.

difficile [difisil]
Adjektiv schwierig. Jean trouve l'exercice très **difficile**. C'est pourquoi Ali l'aide.

dimanche [dimɑ̃ʃ]
Nomen, Maskulinum **1.** Sonntag. **2. le dimanche** sonntags. La famille Martin va à l'église **le dimanche**.

la dinde [dɛ̃d]
Nomen die Pute. En France, les gens mangent de la **dinde** aux marrons à Noël.

dîner [dine]
I. *Verb* zu Abend essen.
II. *Nomen* **le dîner** das Abendessen. Papa et maman ont invité des amis pour le **dîner**.

le dinosaure [dinozɔʀ]
Nomen der Dinosaurier. Ali a acheté un nouveau **dinosaure** en plastique au musée.

dire [diʀ]
Verb sagen. «J'ai neuf ans», **dit** Jean.

le directeur, la directrice [diʀɛktøʀ, diʀektʀis]
Nomen **1.** der Direktor, die Direktorin. **2. le directeur de l'école** der Schulleiter, die Schulleiterin.

la direction [diʀɛksjɔ̃]
Nomen die Richtung.

disputer [dispyte]
Verb **1.** bestreiten. Les deux équipes vont disputer un match de football demain. **2. se disputer** sich streiten.

le disque [disk(ə)]
Nomen die Schallplatte.

la distance [distɑ̃s]
Nomen die Entfernung. La **distance** entre Paris et Nice est presque la même que celle entre Hambourg et Munich.

diviser [divize]
Verb teilen. Maman a **divisé** le gâteau en huit parts.

dix [dis]
Adjektiv zehn.

dix-huit [disɥit]
Adjektiv achtzehn.

dix-neuf [disnœf]
Adjektiv neunzehn.

dix-sept [disɛt]
Adjektiv siebzehn.

le docteur [dɔktœʀ]
Nomen der Arzt, die Ärztin. Jean est tellement malade qu'il doit aller chez le **docteur.**

le doigt [dwa]
Nomen der Finger.

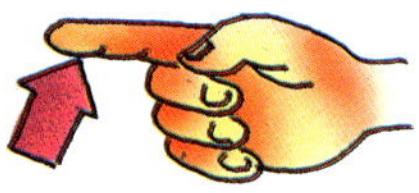

le dommage [dɔmaʒ]
Nomen **1.** der Schaden. **2. (c'est) dommage!** (das ist) schade!

donc [dɔ̃]
Konjunktion also. Il pleut, **donc** les enfants ne peuvent pas sortir.

donner [dɔne]
Verb geben. Maman a **donné** de l'argent à Juliette pour qu'elle s'achète une glace.

dont [dɔ̃]
Pronomen **1.** dessen, deren. «Regarde, c'est la femme **dont** Pipo chasse toujours le chien!» chuchote Ali à Juliette. **2.** von dem, vor der, von denen. Les voisins ont quatre fils **dont** trois sont déjà à l'école.

dormir [dɔmiʀ]
Verb schlafen. Minouche **dort** devant la cheminée.

le dos [do]
Nomen **1.** der Rücken. Papa a mal au **dos** après avoir travaillé dans le jardin. **2.** die Rückseite. «Écrivez votre adresse au **dos** de l'enveloppe.»

double [dubl(ə)]
Adjektiv doppelt.

la douche [duʃ]
Nomen
1. die Dusche.
2. prendre une douche duschen.

douter de [duted(ə)]
Verb zweifeln an. Le professeur **doute du** succès de la pièce de théâtre parce que les élèves n'ont pas assez travaillé.

doux, douce [du, dus]
Adjektiv **1.** süß. **2.** weich. Le pelage de minouche est très **doux**. **3.** sanft. Il faut être **doux** avec un bébé.

douze [duz]
Adjektiv zwölf.

le drap [dʀa]
Nomen das Bettuch.

le drapeau [dʀapo]

Nomen die Fahne.
Il y avait un

drapeau qui flottait au sommet de la tour.

dresser [dʀese]
Verb **1.** spitzen. Pipo **dresse** les oreilles en attendant un bruit dans le garage. **2.** dressieren. Jean a dressé Pipo à rapporter le bâton.

droit, droite [dʀwa, dʀwat]
I. *Adjektiv* **1.** rechter, rechte, rechtes.
2. gerade. «S'il vous plaît, tirez une ligne **droite** sur la feuille», dit le professeur.
II. *Adverb* **1. tout droit** geradeaus.
2. à droite rechts.
III. Nomen **la droite** die rechte Seite.

drôle [dʀol]
Adjektiv **1.** lustig. Papa a raconté une histoire **drôle** qui a fait rire tout le monde. **2.** merkwürdig. «Je ne sais pas pourquoi, mais je me sens tout **drôle**», dit Ali après avoir mangé trop de gâteau.

du [dy]
siehe **de**. Annie mange **du** pain.

dur, dure [dyʀ]
I. *Adjektiv* **1.** hart. Le banc du jardin est trop **dur** pour mémé, alors Juliette lui a apporté un coussin.
2. schwierig. Juliette trouvait que l'examen était très **dur**.
II. *Adverb* hart. Jean doit travailler **dur** pour réussir son examen.

E

l'eau [o]
Nomen, Femininum **1.** das Wasser.
2. l'eau minérale das Mineralwasser.

échapper [eʃape]
Verb **1.** entwischen. Minouche a laissé **échapper** la souris parce qu'elle a vu un papillon.
2. s'échapper entkommen. Les voleurs **se sont échappés** dans une voiture volée.

une écharpe [eʃaʀp(ə)]
Nomen ein Schal.

une échelle [eʃɛl]
Nomen
eine Leiter.
Papa doit monter sur une **échelle** pour aider Jean à descendre de l'arbre.

un éclair [eklɛʀ]
Nomen
ein Blitz.

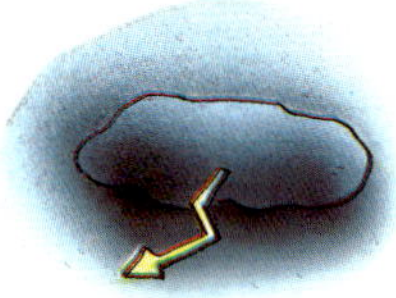

éclater [eklate]
Verb **1.** platzen. Jean a gonflé le ballon jusqu'à ce qu'il **éclate**.
2. knallen.

une école [ekɔl]
Nomen **1.** eine Schule. **2. aller à l'école** zur Schule gehen. Jean **va à l'école** avec Ali.

un écolier, une écolière [ekɔlje, ekɔljɛʀ]
Nomen ein Schüler, eine Schülerin.

écouter [ekute]
Verb **1.** zuhören. Annie **écoute** pépé raconter une histoire. **2. écouter la radio** Radio hören.

écraser [ekʀaze]
Verb zerdrücken.

écrire [ekʀiʀ]
Verb schreiben. Jean a **écrit** une carte postale à Ali.

un écureuil [ekyʀœj]
Nomen ein Eichhörnchen.

une écurie [ekyʀi]
Nomen
ein Stall.

effacer [efase]
Verb **1.** wegwischen. Le professeur **efface** les additions du tableau.
2. ausradieren.

effrayer [efʀeje]
Verb erschrecken. Jean **effraie** mémé en apparaissant tout à coup de derrière un buisson.

égal, égale, égaux [egal, egal, ego]
Adjektiv gleich. Les deux parts de gâteau étaient **égales**.

une église [egliz]
Nomen
eine Kirche.
La famille va à l'**église** le dimanche.

l'égout [egu]
Nomen, Maskulinum der Abfluß.
Après avoir lavé la voiture, papa verse l'eau sale dans l'**égout.**

un élastique [elastik]
Nomen ein Gummiband.

un électricien, une électricienne
[elɛktʀisjɛ, elɛktʀisjɛn]
Nomen ein Elektriker, eine Elektrikerin.

l'électricité [elɛktʀisite]
Nomen, Femininum die Elektrizität.

un éléphant [elefɑ̃]
Nomen
ein Elefant.

un, une élève [elɛv]
Nomen ein Schüler, eine Schülerin. Il y a vingt-six **élèves** dans la classe de Jean.

élevé, élevée [ɛlve]
Adjektiv **1.** hoch. Le prix de cette paire de chaussures est trop **élevé**.
2. hoher, hohe, hohes. De la fenêtre on peut voir une colline peu **élevée**.

élever [elve]
Verb **1.** erhöhen. **2. s'élever** sich erheben.

elle [ɛl]
Pronomen **1.** sie. Juliette est la soeur de Jean. **Elle** a douze ans. **2. elle-même** sie selbst. Maman pense que papa a de la chance d'aller à Rome; **elle-même** voudrait bien y aller.

elles [ɛl]
Pronomen sie. Annie aime les cerises parce qu'**elles** sont très sucrées.

embrasser [ɑ̃bʀaze]
Verb **1.** umarmen. **2.** küssen.
Maman **embrasse** Annie et lui souhaite une bonne nuit.

emmener [ɑ̃mne]
Verb mitnehmen. Jean a **emmené** Ali à la fête.

empêcher [ɑ̃peʃe]
Verb **1.** hindern. Jean a fermé la porte du jardin pour **empêcher** Pipo d'aller courir dans la rue.
2. verhindern.

un empereur [ɑ̃pʀœʀ]
Nomen ein Kaiser.

emporter [ɑ̃pɔʀte]
Verb mitnehmen. «**Emporte** ton parapluie - il va certainement pleuvoir», a dit maman à papa.

emprunter [ɑ̃pʀœ̃te]
Verb **1.** sich ausleihen. Jean a **emprunté** cinq livres à la bibliothèque. **2.** benutzen. Pour traverser la rue, vous devez **emprunter** le passage-piétons.

en [ɑ̃]
I. *Präposition* **1.** in, im. **En** Suisse, il neige souvent **en** hiver. **2.** aus. La table de la cuisine est **en** bois.
3. beim. **En** travaillant dans le jardin, pépé a trouvé des oeufs d'oiseau.
II. *Adverb* **1.** davon. «Je vais m'acheter une nouvelle voiture, qu'**en** pensez-vous les enfants?» demande papa. **2.** welchen, welche, welches. «Jean as-tu un peu d'argent?» demande Ali. «Oui, j'**en** ai», répond Jean.

encore [ɑ̃kɔʀ]
Adverb **1.** noch. «Qui veut du gâteau? Il y en a **encore**», dit maman. **2.** wieder. Jean est **encore** en retard.

l'encre [ɑ̃kʀ(ə)]
Nomen, Femininum die Tinte.

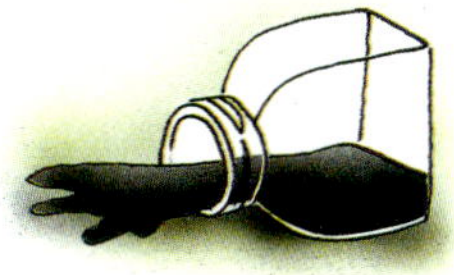

s'endormir [ɑ̃dɔʀmiʀ]
Verb einschlafen. Jean **s'est endormi** pendant la leçon.

un enfant [ɑ̃fɑ̃]
Nomen ein Kind.

enfin [ɑ̃fɛ̃]
Adverb endlich. Maman a dû attendre un quart d'heure au supermarché avant de pouvoir **enfin** payer.

enlever [ɑ̃lve]
Verb **1.** wegnehmen.
2. wegmachen. **3.** ausziehen. «**Enlève** tes chaussures quand tu rentres», dit mémé.

un ennemi [ɛnmi]
Nomen ein Feind.

l'ennui [ɑ̃nɥi]
Nomen, Maskulinum die Langeweile.

enrhumé, enrhumée [ɑ̃ʀyme]
Adjektiv erkältet. Jean reste au lit parce qu'il est **enrhumé**.

enseigner [ɑ̃seɲe]
Verb unterrichten. Mme Durand **enseigne** les maths.

ensemble [ɑ̃sɑ̃bl(ə)]
Adverb **1.** zusammen.
2. miteinander. Jean et Ali jouent **ensemble** aux indiens et aux cow-boys.

entendre [ɑ̃tɑ̃dʀ(ə)]
Verb **1.** hören. «**Entendez**-vous papa chanter dans son bain?» demande maman aux enfants.
2. s'entendre sich verstehen. Juliette et Sylvie **s'entendent** très bien.

enterrer [ɑ̃teʀe]
Verb **1.** begraben. Juliette a **enterré** la souris morte sous l'arbre.
2. vergraben. Pipo **enterre** un os dans le jardin.

entier, entière [ɑ̃tje, ɑ̃tjɛʀ]
Adjektiv ganz.
Annie a bu un verre **entier** de lait.

entre [ɑ̃tʀ(ə)]
Präposition **1.** zwischen. A table, Juliette est assise **entre** papa et maman. **2.** unter. Maman partage le gâteau **entre** tous les enfants de la famille.

une entrée [ɑ̃tʀe]
Nomen **1.** ein Eingang. L'**entrée** de la maison. **2.** ein Flur. Pépé a enlevé ses chaussures dans l'**entrée** avant de passer au salon. **3.** eine Vorspeise. «On peut manger la salade en **entrée**», propose maman.

entrer [ɑ̃tʀe]
Verb **1.** hereinkommen. Tout le monde s'est retourné quand Annie est **entrée** dans la pièce avec le plus beau chapeau de mémé.
2. hineingehen.

une enveloppe [ɑ̃vlɔp]
Nomen ein Umschlag.

envelopper [ɑ̃vlɔpe]
Verb einwickeln. Maman **enveloppe** le cadeau de Juliette dans du papier.

l'envie [ɑ̃vi]
Nomen, Femininum **1.** die Lust. «J'ai vraiment **envie** d'un bout de chocolat, et vous?» demande mémé.
2. avoir envie de faire quelque chose Lust haben, etwas zu machen.

environ [ɑ̃viʀɔ̃]
I. *Adverb* ungefähr.
II. *Nomen, Maskulinum* **les environs** die Umgebung. Oncle Fernand habite dans **les environs** d'une grande ville.

envoyer [ɑ̃vwaje]
Verb schicken. Pour son anniversaire, oncle Fernand et tante Sarah ont **envoyé** une carte à Juliette.

épais, épaisse [epɛ, epɛs]
Adjektiv dick.

une épaule [epol]
Nomen eine Schulter.

épeler [eple]
Verb buchstabieren. Jean ne sait pas **épeler** le mot «rhinocéros».

les épinards [epinaʀ]
Nomen, Maskulinum der Spinat.

une épingle [epɛ̃gl(ə)]
Nomen **1.** eine Nadel. **2.** eine Stecknadel.

une éponge [epɔ̃ʒ]
Nomen ein Schwamm.

une équipe [ekip]
Nomen eine Mannschaft. Jean joue dans une **équipe** de football.

un escalier [ɛskalje]
Nomen **1.** eine Treppe. Annie est tombée dans l'**escalier** et s'est fait mal au genou.
2. un escalier roulant eine Rolltreppe.

un escargot [ɛskaʀgo]
Nomen
eine Schnecke.

l'espace [ɛspas]
Nomen, Maskulinum **1.** das Weltall. **2.** der Platz. Il y a assez d'**espace** dans le garage pour la voiture et les vélos.

l'Espagne [ɛspaɲ]
Nomen, Femininum
Spanien.

espagnol, espagnole [ɛspaɲɔl]
I. *Adjektiv* spanisch.
II. *Nomen* **1. un Espagnol, une Espagnole** ein Spanier, eine Spanierin. **2. l'espagnol** das Spanische.

une espèce [ɛspɛs]
Nomen eine Art. Les aigles sont une **espèce** d'oiseaux.

espérer [ɛspeʀe]
Verb hoffen. «J'**espère** que Sylvie pourra venir à ma fête», dit Juliette.

essayer [eseje]
Verb
1. versuchen. Pipo **essaie** d'attraper les saucisses sur la table.

2. anprobieren. Juliette **essaie** une nouvelle robe dans un magasin de vêtements.

l'essence [esɑ̃s]
Nomen, Femininum das Benzin.

essuyer [esɥije]
Verb **1.** wegwischen. Mémé **essuie** le lait qu'Annie a renversé. **2.** abtrocknen. Papa **essuie** la vaisselle.

l'est [ɛst]
Nomen, Maskulinum
der Osten.
Le soleil se lève à l'**est** et se couche à l'ouest.

une estrade [ɛstʀad]
Nomen eine Bühne.

et [e]
Konjunktion **1.** und. **2. et ... et ...** sowohl ... als auch.

une étable [etabl(ə)]
Nomen ein Stall.

un étage [etaʒ]
Nomen ein Stockwerk.

une étagère [etaʒɛʀ]
Nomen ein Bücherregal. Avec précaution, mémé pose le vieux livre sur une **étagère**.

un étang [etɑ̃]
Nomen
ein Teich.

les Etats-Unis [etazyni]
Nomen, Maskulinum
die Vereinigten Staaten.

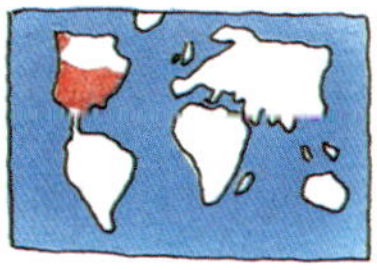

l'été [ete]
Nomen, Maskulinum der Sommer. La famille Martin part toujours en vacances en **été**.

éteindre [etɛ̃dʀ(ə)]
Verb **1.** löschen. Les pompiers ont réussi à **éteindre** l'incendie.
2. ausschalten. Après avoir souhaité une bonne nuit à Annie, maman **éteint** la lumière.

éteint, éteinte [etɛ̃, etɛ̃t]
Adjektiv ausgeschaltet. La chambre était sombre car la lumière était **éteinte**.

éternuer [etɛʀnɥe]
Verb niesen.

une étoile [etwal]
Nomen
ein Stern.

étonner [etɔne]
Verb **1.** erstaunen. **2. s'étonner de** sich über etwas wundern.

étrange [etʀɑ̃ʒ]
Adjektiv seltsam. Jean a entendu des bruits **étranges** dans le garage.

étranger, étrangère [etʀɑ̃ʒe, etʀɑ̃ʒɛʀ]
I. *Adjektiv* **1.** ausländisch. **2.** fremd.
II. *Nomen* **un étranger, une étrangère1.** ein Ausländer, eine Ausländerin. **2.** ein Fremder, eine Fremde. **3. l'étranger** das Ausland. Cet été Ali va à **l'étranger** avec sa famille.

être [ɛtʀ(ə)]
Verb sein. «Ce gâteau **est** très bon», dit Ali.

étroit, étroite [etʀwa, etʀwat]
Adjektiv eng. La route est très **étroite**.

un étudiant, une étudiante [etydjɑ̃, etydjɑ̃t]
Nomen ein Student, eine Studentin.

étudier [etydje]
Verb studieren. Le fils des voisins **étudie** les mathématiques à l'université.

l'Europe [øʀɔp]
Nomen, Femininum
Europa.

européen, européenne [øʀɔpeɛ̃, øʀɔpeɛn]
I. *Adjektiv* europäisch.
II. *Nomen* **un Européen, une Européenne** ein Europäer, eine Europäerin.

un évier [evje]
Nomen
ein Spülbecken.

éviter [evite]
Verb vermeiden. Jean fait semblant de faire ses devoirs pour **éviter** d'aider maman dans la cuisine.

exactement [ɛgzaktəmɑ̃]
Adverb genau. La cloche sonne **exactement** à midi.

un examen [ɛgzamɛ̃]
Nomen eine Prüfung. Tous les élèves font un **examen**, certains vont le réussir et d'autres vont le rater.

excellent, excellente [ɛksɛlɑ̃, ɛksɛlɑ̃t]
Adjektiv
ausgezeichnet.
Le professeur écrit «**excellent**» au bas du devoir de Juliette.

une excuse [ɛkskyz]
Nomen **1.** eine Entschuldigung. **2.** eine Ausrede. Le professeur demande à Jean quelle **excuse** il a cette fois pour ne pas avoir fait ses devoirs.

s'excuser [ɛkskyze]
Verb **1.** sich entschuldigen.
2. Excusez-moi! Entschuldigung!

un exemple [ɛgzɑ̃pl(ə)]
Nomen ein Beispiel.

un exercice [ɛgzɛʀsis]
Nomen eine Übung. Jean demande à Ali de l'aider à faire son **exercice** de maths.

exister [ɛgziste]
Verb **il existe** es gibt.

expliquer [ɛksplike]
Verb erklären. Jean **explique** pourquoi il n'a pas fait ses devoirs.

exprès [ɛkspʀɛ]
Adverb absichtlich.

extérieur, extérieure [ɛksteʀjœʀ]
Adjektiv äußerer, äußere, äußeres.

extra [ɛkstʀa]
Adjektiv prima. La nouvelle voiture de papa est vraiment **extra**.

F

la face [fas]

I. *Nomen*
1. das Gesicht.
2. die Seite.
II. *Adverb* **en face de** gegenüber. Il y a une boulangerie **en face de** l'école de Jean.

fâché, fâchée [faʃe]

Adjektiv
1. verärgert. Juliette est **fâchée**, car Jean a cassé son disque. **2. être fâché contre ...** wütend sein auf ...

facile [fasil]
Adjektiv leicht. Au contraire de Jean, Ali pensait que l'examen était vraiment **facile**.

la façon [fasɔ̃]
Nomen die Art und Weise.

le facteur [faktœʀ]

Nomen der Briefträger. Le **facteur** apporte toujours les lettres à neuf heures du matin.

la facture [faktyʀ]
Nomen die Rechnung.

faible [fɛbl(ə)]
Adjektiv schwach. Annie a la grippe et se sent **faible**.

la faim [fɛ̃]
Nomen **1.** der Hunger. **2. avoir faim** Hunger haben. Ali **a** toujours **faim**!

faire [fɛʀ]
Verb **1.** machen. Juliette et Jean **font** leurs devoirs. **2.** tun. «Si tu n'as rien à **faire**, tu peux m'aider à **faire** les courses», dit maman à Jean.
3. ergeben. Cinq et dix **font** quinze.
4. il fait beau es ist gutes Wetter.
5. faire des économies sparen. Jean **fait des économies** pour acheter un nouveau vélo. **6. faire mal** weh tun.
7. faire semblant de so tun als ob. Jean **faisait semblant de** faire ses devoirs pour ne pas devoir aider maman à la cuisine.

falloir [falwaʀ]
Verb **1.** müssen. **Il faut que** papa travaille pour gagner de l'argent.
2. brauchen. **Il faut de** la farine pour faire du pain.

la famille [famij]
Nomen die Familie.

le fantôme [fɑ̃tom]
Nomen das Gespenst. Jean aime lire des histoires de **fantômes**, mais Annie déteste ça.

la farine [faʀin]
Nomen das Mehl.

fatigant [fatigɑ̃]
Adjektiv anstrengend.

fatigué, fatiguée [fatige]
Adjektiv müde.

le faucon [fokɔ̃]
Nomen der Falke.

se faufiler [sɛfofile]
Verb schleichen. Jean **se faufile** dans la cuisine au milieu de la nuit et mange tous les biscuits.

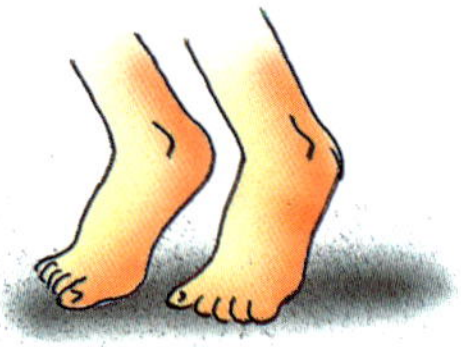

il faut [ilfo]
siehe **falloir**

la faute [fot]
Nomen der Fehler. Ali a fait trois **fautes** dans son devoir de français.

le fauteuil [fotœj]
Nomen der Sessel.

le fauteuil à bascule [fotœjabaskyl]
Nomen der Schaukelstuhl. Mémé aime bien passer la soirée dans son **fouteuil à bascule**

faux, fausse [fo, fos]
Adjektiv falsch. La réponse que Jean a trouvée est **fausse**.

favori, favorite [favɔʀi, favɔʀit]
Adjektiv Lieblings-. La glace est le dessert **favori** de Juliette.

la fée [fe]
Nomen die Fee.

la félicitation [felisitɑsjɔ̃]
Nomen der Glückwunsch.

féliciter [felisite]
Verb gratulieren.

la femme [fam]
Nomen **1.** die Frau. Il y avait deux **femmes** qui attendaient le bus.
2. die Ehefrau.

la fenêtre [f(ə)nɛtʀ(ə)]
Nomen das Fenster.

le fer [fɛʀ]
Nomen **1.** das Eisen.
2. le fer à repasser das Bügeleisen. «Ne touche pas le **fer à repasser**, il est encore chaud!» avertit maman.

la ferme [fɛʀm(ə)]
Nomen
der Bauernhof.
Maman achète toujours le lait et les oeufs à la **ferme**.

fermer [fɛʀme]
Verb **1.** schließen. Quelqu'un avait oublié de **fermer** la porte.
2. fermer à clé abschließen. Avant de se coucher, papa **ferme** toujours la porte de la maison **à clé**.

la fermeture éclair [fɛʀmɛtyʀeklɛʀ]
Nomen der Reißverschluß.

le fermier [fɛʀmje]
Nomen
der Bauer.

féroce [feʀɔs]
Adjektiv wild. Pipo n'est pas aussi **féroce** qu'un tigre, mais le facteur a quand même peur de lui.

le ferry [fɛʀe]
Nomen
die Fähre.
Pour se rendre sur l'île, il faut prendre le **ferry**.

la fête [fɛt]
Nomen das Fest. Juliette aura une grande **fête** pour son anniversaire.

le feu [fø]
Nomen
1. das Feuer.

2. le feu d'artifice
das Feuerwerk.
En France, il y a des **feux d'artifice** le 1er janvier et le 14 juillet.

3. les feux
die Ampel.
Papa a dû s'arrêter car les **feux** sont passés au rouge.

la feuille [fœj]
Nomen
das Blatt.

le feutre [fœtʀ(ə)]
Nomen
1. der Filz.
2. der Filzstift.

février [fevʀije]
Nomen, Maskulinum Februar.

la ficelle [fisɛl]
Nomen die Schnur.

fier, fière [fjɛʀ]
Adjektiv stolz. Sylvie est très **fière** d'avoir gagné le premier prix de musique de l'école.

la fièvre [fjɛvʀ(ʀ)]
Nomen
1. das Fieber.
2. avoir de la fièvre
Fieber haben.
Juliette a de de la fièvre et doit rester au lit.

la figure [figyʀ]
Nomen **1.** das Gesicht. **2.** die Figur.

la file [fil]
Nomen **1.** die Reihe. **2. la file d'attente** die Warteschlange.

le filet [filɛ]
Nomen
das Netz.

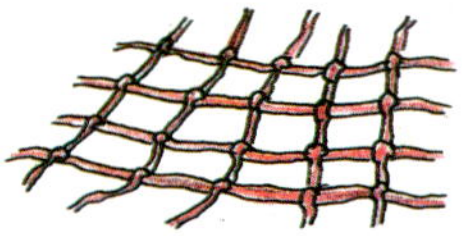

la fille [fij]
Nomen **1.** das Mädchen. **2.** die Tochter. Juliette et Annie sont les **filles** de Monsieur et Madame Martin.

le film [film]
Nomen
der Film.

le fils [fis]
Nomen der Sohn. Jean est le **fils** de Monsieur et Madame Martin.

la fin [fɛ̃]
Nomen das Ende.

fin, fine [fɛ̃, fin]
Adjektiv fein.

finir [finiʀ]
Verb **1.** fertigmachen. «**Finis** tes devoirs avant de sortir», dit maman. **2.** aufessen. Jean et Juliette **finissent** leur petit déjeuner. **3. avoir fini** fertig sein. «**J'ai fini**, puis-je sortir maintenant?» crie Jean avec joie. **4. être fini, finie** zu Ende sein. Le concert **est fini**.

fixer [fikse]
Verb **1.** befestigen. Papa a **fixé** un tableau au mur. **2.** festlegen. «Les dates pour les vacances sont déjà **fixés**, on ne peut plus les changer», dit maman.

le flamant [flamɑ̃]
Nomen der Flamingo.

la flamme [flam]
Nomen
die Flamme.

la flèche [flɛʃ]
Nomen
der Pfeil.

la fleur [flœʀ]
Nomen die Blume. Mémé a cueilli un bouquet de **fleurs** dans le jardin.

le fleuve [flœv]
Nomen
der Fluß.

le flocon [flɔkɔ̃]
Nomen die Flocke. Pipo est dehors et chasse les **flocons** de neige.

flotter [flɔte]
Verb **1.** (auf dem Wasser) treiben. **2.** (im Wind) flattern. Le drapeau **flottait** au vent.

la flûte [flyt]
Nomen
die Flöte.
Juliette joue de la flûte dans l'orchestre de l école.

le foin [fwɛ̃]
Nomen
das Heu.

la foire [fwaʀ]
Nomen das Volksfest.

la fois [fwa]
Nomen **1.** das Mal. **2. une fois** einmal.

foncé, foncée [fɔ̃se]
Adjektiv dunkel-. Juliette porte une jupe bleu **foncé**.

le fond [fɔ̃]
Nomen der Boden. Jean a trouvé une mouche au **fond** de son verre.

fondre [fɔ̃dʀ(ə)]
Verb schmelzen. La glace d'Annie a **fondu** au soleil.

la fontaine [fɔ̃tɛn]
Nomen der Brunnen.

le football [futbol]
Nomen
1. der Fußball.
2. jouer au football, jouer au foot Fußball spielen.

la forêt [fɔʀɛ]
Nomen
der Wald.

la forme [fɔʀm(ə)]
Nomen die Form. Jean gonfle un ballon qui a la **forme** d'un lapin.

fort, forte [fɔʀ, fɔʀt(ə)]
I. *Adjektiv* stark. «Si tu manges tous tes légumes, tu deviendras grand et **fort**», dit mémé.
II. *Adverb* **1.** kräftig. Pipo tirait **fort** sur sa laisse. **2.** stark. Il pleuvait si **fort** que Jean n'a pas pu promener Pipo.

le fossé [fose]
Nomen der Graben.

fou, fol, folle [fu, fɔl]
Adjektiv verrückt.

la foule [ful]
Nomen die Menschenmenge. Il y avait une **foule** de gens qui achetait des cadeaux pour Noël.

le four [fuʀ]
Nomen der Backofen.

la fourchette [fuʀʃɛt]
Nomen
die Gabel.

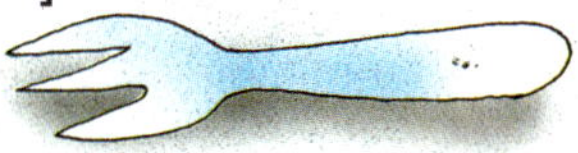

la fourmi [fuʀmi]
Nomen
die Ameise.

frais, fraîche [fʀɛ,fʀɛʃ]
Adjektiv
1. frisch.
Maman achète du poisson, des fruits et des légumes **frais** au marché. **2.** kühl. «Le chauffage est-il allumé? Il fait un peu **frais** ici!» dit mémé.

la fraise [fʀɛz]
Nomen die Erdbeere.

la framboise [fʀɑ̃bwaz]
Nomen die Himbeere.

le franc [fʀɑ̃]
Nomen der Franken. Ali a dépensé vingt **francs** pour acheter des bonbons.

français, française [fʀɑ̃sɛ, fʀɑ̃sɛz]
I. *Adjektiv* französisch.
II. *Nomen* **1. le Français, la Française** der Franzose, die Französin. **2. le français** das Französische. Juliette est bonne en **français**.

la France [fʀɑ̃s]
Nomen
Frankreich.

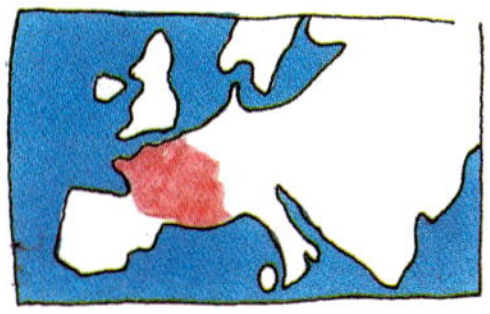

frapper [fʀape]
Verb
1. schlagen. Avec sa raquette, papa a **frappé** la balle de tennis si fort qu'elle est tombée dans le jardin du voisin.
2. klopfen. Quelqu'un a **frappé** à la porte.

le frein [fʀɛ̃]
Nomen die Bremse.

le frère [fʀɛʀ]
Nomen der Bruder.

frire [fʀiʀ]
Verb braten. Maman fait **frire** des oignons et des pommes de terre pour le déjeuner.

les frites [fʀit]
Nomen, Femininum, die Pommes frites. Ali aime beaucoup les **frites**.

froid, froide [fʀwa, fʀwad]
Adjektiv kalt.

le fromage [fʀɔmaʒ]
Nomen der Käse.

le front [fʀɛ̃]
Nomen
1. die Stirn.
2. die Vorderseite.

frotter [fʀɔte]
Verb reiben. Jean se **frotte** les mains car elles sont froides.

le fruit [fʀɥi]
Nomen **1.** die Frucht. **2. les fruits** das Obst. Les **fruits** et les légumes du marché sont très frais.

fuir [fɥiʀ]
Verb fliehen.

la fumée [fyme]
Nomen der Rauch.

fumer [fyme]
Verb rauchen. Pépé **fume** sa pipe.

la fusée [fyze]
Nomen die Rakete.

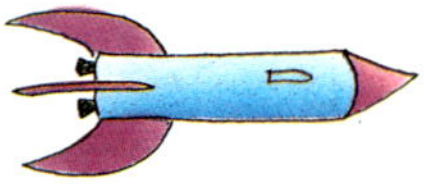

le fusil [fyzil]
Nomen das Gewehr.

G

le gagnant, la gagnante [gaɲɑ̃, gaɲɑ̃t]
Nomen der Sieger, die Siegerin. Sylvie est la **gagnante** du concours de musique de l'école cette année.

gagner [gaɲe]
Verb **1.** gewinnen. Sylvie a **gagné** le concours de musique de l'école.
2. verdienen. Papa et maman **gagnent** leur argent en travaillant.

le gant [gɑ̃]
Nomen
der Handschuh.
Maman a recommandé aux enfants de mettre des **gants** pour faire un bonhomme de neige.

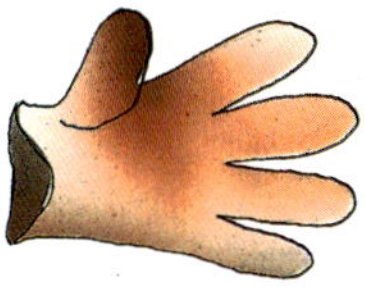

le garage [gaʀaʒ]
Nomen
1. die Garage. Maman a garé la voiture dans le **garage**.
2. die Autowerkstatt. La voiture est au **garage**, il faut la réparer.

le garçon [gaʀsɔ̃]
Nomen
1. der Junge.
2. der Kellner. «**Garçon**, puis-je avoir l'addition?» demande papa.

la garde [gaʀd]
Nomen die Wache.

garder [gaʀde]
Verb **1.** behalten. Ali a dit que Jean pouvait **garder** la bande dessinée, car il avait fini de la lire.
2. aufbewahren. Ali **garde** sa collection de dinosaures dans un tiroir. **3.** bewachen. Pipo **garde** la maison quand la famille n'est pas là.

la garde-robe [gaʀd(ə)ʀɔb]
Nomen
1. der Kleiderschrank.
2. die Garderobe.

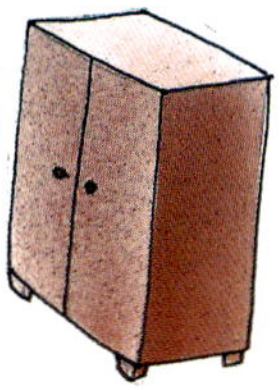

le gardien [gaʀdjɛ̃, gaʀdjɛn]
Nomen der Torwart.

la gare [gaʀ]
Nomen der Bahnhof. Papa et Jean sont allés chercher tante Sarah à la **gare**.

garer [gaʀe]
Verb
parken.
Papa a **garé** la voiture devant la maison.

gaspiller [gaspije]
Verb verschwenden.

le gâteau [gato]
Nomen
1. der Kuchen.
2. le gâteau sec, le petit gâteau der Keks.
3. faire un gâteau einen Kuchen backen.

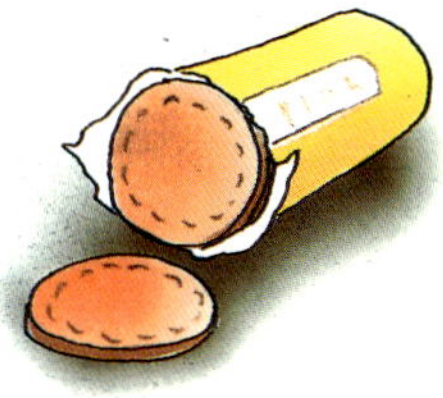

gâter [gate]
Verb verwöhnen. Mémé **gâte** souvent les enfants en leur donnant beaucoup de chocolat.

gauche [goʃ]
I. *Adjektiv* linker, linke, linkes. Pépé écrit de la main **gauche**.
II. *Adverb* **à gauche** links. Papa tourne **à gauche** pour entrer dans le parking.

le gazon [gazɔ̃]
Nomen der Rasen.

le géant [ʒeɑ̃]
Nomen der Riese.

geler [ʒ(ə)le]
Verb frieren. L'eau de l'étang a **gelé** et les canards patinent sur la glace.

généreux, généreuse [ʒenerø, ʒenerøz]
Adjektiv großzügig. «Prends mon dernier bonbon», dit Sylvie. «Tu est très **généreuse**, merci!» dit Juliette.

le genou, les genoux [ʒ(ə)nu]
Nomen **1.** das Knie. **2. sur les genoux** auf dem Schoß. Annie devait s'asseoir **sur les genoux** de maman, car il y avait trop de monde dans le bus.

les gens [ʒɑ̃]
Nomen, Maskulinum, die Leute. Paris est une grande ville où beaucoup de **gens** habitent.

gentil, gentille [ʒɑ̃ti, ʒɑ̃tij]
Adjektiv **1.** nett. **2.** lieb. «Sois **gentille** et passe-moi les verres», dit mémé à Juliette.

le gilet [ʒilɛ]
Nomen **1.** die Weste. **2.** die Strickjacke. Mémé cherche le bouton qui manque au **gilet** de pépé.

la girafe [ʒiraf]
Nomen
die Giraffe.

la glace [glas]
Nomen **1.** das Eis. L'eau de l'étang a gelé et les enfants patinent sur la **glace**.
2. das (Speise-)Eis. Pépé a acheté de la **glace** au chocolat pour les enfants.

3. der Spiegel.

glisser [glise]
Verb **1.** rutschen.
2. ausrutschen.
Papa a **glissé** sur la glace et s'est cassé le bras.

le gobelet [gɔblɛ]
Nomen der Becher. Mémé aime boire son thé dans un **gobelet**.

la gomme [gɔm]
Nomen der Radiergummi.

gonfler [gɔ̃fle]
Verb **1.** aufpumpen. **2.** aufblasen.

la gorge [gɔrʒ(ə)]
Nomen **avoir mal à la gorge** Halsschmerzen haben. Papa porte une écharpe autour du cou, car il **a mal à la gorge**.

le gorille [gɔrij]
Nomen
der Gorilla.

gourmand, gourmande [gurmɑ̃, gurmɑ̃d]
Adjektiv gierig. «Ne soyez pas si **gourmands**, laissez un bout de gâteau pour papa!» dit maman aux enfants.

goûter [gute]
I. *Verb* probieren. Annie a **goûté** au chou, mais elle ne l'a pas aimé.
II. *Nomen* **le goûter** die kleine Zwischenmahlzeit am Nachmittag (für die Kinder).

la goutte [gut]
Nomen der Tropfen. Mémé a décidé de rentrer quand elle a senti une **goutte** de pluie lui tomber sur la tête.

la graine [gʀɛn]
Nomen der Samen. Pépé a semé des **graines** dans le jardin.

grand, grande [gʀɑ̃, gʀɑ̃d]
Adjektiv groß. Pipo est devenu trop **grand** pour son panier.

grandir [gʀɑ̃diʀ]
Verb wachsen. Juliette a tellement **grandi** qu'elle est presque aussi grande que maman.

la grand-mère [gʀɑ̃mɛʀ]
Nomen die Großmutter. Les enfants appellent leur **grand-mère** «mémé».

le grand-père [gʀɑ̃pɛʀ]
Nomen der Großvater. Les enfants appellent leur **grand-père** «pépé».

les grands-parents [gʀɑ̃paʀɑ̃]
Nomen, Maskulinum, die Großeltern. Pépé et mémé sont les **grands-parents** de Jean, Juliette et Annie.

la grange [gʀɑ̃ʒ]
Nomen die Scheune.

le gratte-ciel [gʀatsjɛl]
Nomen der Wolkenkratzer. Il y a de hauts **gratte-ciel** à New-York.

gratter [gʀate]
Verb kratzen. Jean se **gratte** le bras après avoir été piqué par une abeille.

gratuit, gratuite [gʀatɥi, gʀatɥit]
Adjektiv kostenlos. L'entrée du musée est **gratuite** pour les enfants.

grec, grecque [gʀɛk]
I. *Adjektiv* griechisch.
II. *Nomen*
1. le Grec, la Grecque der Grieche, die Griechin.
2. le grec das Griechische.

la Grèce [gʀɛs]
Nomen Griechenland.

le grenier [gʀənje]
Nomen der Dachboden. Il y a beaucoup de vieilles valises et boîtes au **grenier**.

la grenouille [gʀənuj]
Nomen der Frosch.

griffer [gʀife]
Verb kratzen. Annie voulait seulement jouer avec le chat, mais Minouche l'a **griffée**.

le grillage [gʀijaʒ]
Nomen der Zaun. Maman parle avec la voisine par dessus le **grillage**.

griller [gʀije]
Verb grillen.

grimper [gʀɛ̃pe]
Verb klettern. Jean essaie de **grimper** à l'arbre comme Minouche.

la grippe [gʀip]
Nomen die Grippe.

gris, grise [gʀi, gʀiz]
Adjektiv grau.

grogner [gʀɔɲe]
Verb knurren. Pipo a **grogné** et a pris son os quand le chien du voisin s'est approché de lui.

gronder [gʀɛ̃de]
Verb **1.** schimpfen. Le professeur a **grondé** Jean parce qu'il était arrivé en retard. **2.** dröhnen. Annie a très peur quand le tonnerre **gronde** les nuits d'orage.

gros, grosse [gʀo, gʀos]
Adjektiv
1. dick. Ali est plus **gros** que Jean.
2. groß. Pipo a été attaqué par un **gros** chien ce matin.

la grotte [gʀɔt]
Nomen die Höhle. Juliette et Jean ont découvert une **grotte** cachée dans les rochers au bout de la plage.

le groupe [gʀup]
Nomen **1.** die Gruppe. **2.** die Band. Le cousin de Jean et de Juliette joue de la musique dans un **groupe**.

la grue [gʀy]
Nomen der Kran.

le guépard [gepaʀ]
Nomen der Gepard. Le **guépard** est l'animal qui court le plus vite.

la guêpe [gɛp]
Nomen die Wespe.

la guerre [gɛʀ]
Nomen der Krieg.

guider [gide]
Verb führen. Les enfants ont **guidé** la vieille dame pour traverser la rue.

la guitare [gitaʀ]
Nomen die Gitarre.

H

habiller [abije]
Verb **1.** anziehen. «Pourquoi n'êtes-vous pas encore **habillés**?» demande papa. «Il est bientôt l'heure d'aller à l'école.» **2. s'habiller** sich anziehen. Annie essaie de **s'habiller** toute seule.

un habit [abi]
Nomen **1.** ein Kleidungsstück. Jean a laissé ses **habits** partout dans sa chambre. **2.** ein Anzug.

habiter [abite]
Verb wohnen. Les Martin **habitent** à Paris.

une habitude [abityd]
I. *Nomen* eine Gewohnheit.
II. *Adverb* **d'habitude** normalerweise. **D'habitude** papa se lève à six heures.

la haie [ˈɛ]
Nomen die Hecke. Jean est tombé de l'arbre et a atterri dans la **haie.**

le hamster [ˈamstɛʀ]
Nomen
der Hamster.
Jean a un **hamster** qui s'appelle «Filou».

le haricot [ˈaʀiko]
Nomen die Bohne.

le hasard [ˈazaʀ]
I. *Nomen* der Zufall.
II. *Adverb* **par hasard** zufällig. «Sais-tu **par hasard** où j'ai mis mon cartable, maman?» demande Jean.

haut, haute [ˈo, ˈot]
I. *Adjektiv* hoch. Les murs du jardin sont assez **hauts** pour empêcher Pipo de se sauver.
II. *Adverb* **1.** hoch. Le cerf-volant vole très **haut** dans le ciel.
2. haut les mains! Hände hoch!
3. en haut oben. «Où est Juliette?» demande Jean. «Elle est **en haut**», répond maman. **4. en haut** nach oben. Juliette est allée **en haut** pour prendre une douche.

un hélicoptère [elikɔptɛʀ]
Nomen ein Hubschrauber.

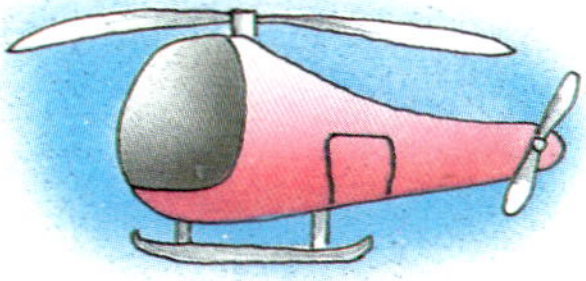

l'herbe [ɛʀb(ə)]
Nomen, Femininum
1. das Gras.
2. la mauvaise herbe das Unkraut.

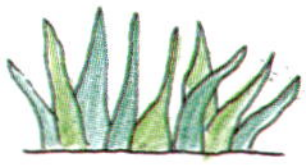

le hérisson [ˈeʀisɔ̃]
Nomen der Igel.

l'heure [œʀ]
Nomen, Femininum **1.** die Stunde. Papa doit rouler pendant une **heure** avant d'arriver au travail. **2. Quelle heure est-il? Il est trois heures**. Wie spät ist es? Es ist drei Uhr. **3. de bonne heure** früh.

heureux, heureuse [œʀø, œʀøz]
Adjektiv glücklich. Jean et Juliette sont **heureux**, car les vacances ont commencé.

le hibou, les hiboux [ˈibu]
Nomen die Eule, die Eulen.

hier [jɛʀ]
Adverb gestern. Jean a oublié de faire ses devoirs **hier**.

un hippopotame [ipɔpɔtam]
Nomen
ein Nilpferd.

une histoire [istwaʀ]
Nomen
eine Geschichte.
Tous les soirs, mama raconte une **histoire** à Annie.

l'hiver [ivɛʀ]
Nomen, Maskulinum
der Winter. Les arbres n'ont pas de feuilles en **hiver**.

un homme [ɔm]
Nomen **1.** ein Mensch. **2.** ein Mann.

honnête [ɔnɛt]
Adjektiv ehrlich. Une personne **honnête** ne vole jamais.

la honte [ˈɔ̃t]
Nomen **avoir honte** sich schämen. Jean **avait honte** d'avoir dormi pendant la leçon.

un hôpital [ɔpital]
Nomen ein Krankenhaus.

une horloge [ɔʀlɔʒ]
Nomen eine Turmuhr. L'**horloge** de la gare indiquait cinq heures moins dix.

horrible [ɔʀibl(ə)]
Adjektiv fürchterlich. «Quel temps **horrible**!» dit pépé en regardant tomber la pluie.

un hôtel [otɛl]
Nomen ein Hotel.

l'huile [ɥil]
Nomen, Femininum das Öl.

huit [ˈɥi(t)]
Adjektiv acht.

I

ici [isi]
Adverb **1.** hier. «La balle est **ici**, Pipo!» crie Jean. **2.** hierher. «Viens **ici** et prends cette bande dessinée avec toi!» ordonne le professeur à Ali.

une idée [ide]
Nomen **1.** eine Idee. L'**idée** de Jean était de construire un pont. **2.** eine Ahnung. «Où sont Juliette et Annie?» demande maman. «Aucune **idée**!» répond Jean.

il [il]
Pronomen **1.** er. Où est Jean? **Il** est dans le jardin. **2.** es. Quel temps fait-**il**? **Il** pleut. **3. il fait beau** es ist schön. **4. il fait chaud** es ist warm. **5. il fait froid** es ist kalt. **6. il fait mauvais** das Wetter ist schlecht.

une île [il]
Nomen eine Insel.

ils [il]
Pronomen sie. Voilà les enfants. **Ils** vont au zoo avec pépé.

Il y a [ilija]
Wendung **1.** es gibt. **Il y a** beaucoup d'enfants. **2.** es ist, es sind. **Il y a** une souris dans la boîte de biscuits. **3.** vor. **Il y a** trois ans...

l'imagination [imaʒinasjɔ̃]
Nomen, Femininum die Phantasie. Le professeur de dessin demande aux élèves d'utiliser leur **imagination**.

imaginer [imaʒine]
Verb
1. sich vorstellen. Juliette **imaginait** qu'elle était une danseuse célèbre.
2. s'imaginer sich einbilden. Papa **s'imaginait** avoir entendu un bruit dans le garage, mais il n'y avait personne.

une image [imaʒ]
Nomen ein Bild. Jean collectionne les **images** de motos.

un imperméable [ɛ̃pɛʀmeabl(ə)]
Nomen ein Regenmantel.

impertinent, impertinente [ɛ̃pɛʀtinɑ̃, ɛ̃pɛʀtinɑ̃t]
Adjektiv frech.

impoli, impolie [ɛ̃pɔli]
Adjektiv unhöflich. Le directeur gronde les élèves qui ont été **impolis** avec le professeur.

important, importante [ɛ̃pɔʀtɑ̃, ɛ̃pɔʀtɑ̃t]
Adjektiv wichtig.

n'importe où [nɛ̃pɔʀtu]
Adverb **1.** egal wo. **2.** irgendwo

n'importe quand [nɛ̃pɔʀtkɑ̃]
Adverb **1.** egal wann.
2. irgendwann

n'importe qui [nɛ̃pɔʀtki]
Pronomen **1.** egal wer, egal wen.
2. irgend jemand(en).

n'importe quoi [nɛ̃pɔʀtkwa]
Pronomen **1.** egal was. **2.** irgend etwas.

impossible [ɛ̃pɔsibl(ə)]
Adjektiv unmöglich.

imprudent, imprudente [ɛ̃pʀydɑ̃, ɛ̃pʀydɑ̃t]
Adjektiv unvorsichtig.

un incendie [ɛ̃sɑ̃di]
Nomen ein Brand.

l'Inde [ɛ̃d]
Nomen, Femininum Indien.

indien, indienne [ɛ̃djɛ̃, ɛ̃djɛn]
I. *Adjektiv* **1.** indisch. Mémé aime beaucoup le thé **indien**.
2. indianisch.
II. *Nomen* **un Indien, une Indienne**
1. ein Inder, eine Inderin.
2. ein Indianer, eine Indianerin.

indiquer [ɛ̃dike]
Verb zeigen. La petite aiguille d'une montre **indique** les heures et la grande aiguille **indique** les minutes.

une infirmière [ɛ̃fiʀmjɛʀ]
Nomen
eine Krankenschwester.

inonder [inɔ̃de]
Verb überschwemmen. La pluie a **inondé** la cave.

un insecte [ɛ̃sɛkt(ə)]
Nomen
ein Insekt.

un instituteur, une institutrice [ɛ̃stitytœʀ, ɛ̃stitytʀis]
Nomen ein Grundschullehrer, eine Grundschullehrerin.

un instrument de musique [ɛ̃stʀymɑ̃d(ə)myzik]
Nomen ein Musikinstrument.
Juliette joue de la flûte, Ali joue de la trompette, Sylvie joue du piano - seul Jean ne joue pas d'un **instrument de musique**.

insupportable [ɛ̃sypɔʀtabl(ə)]
Adjektiv unerträglich.

intelligent, intelligente [ɑ̃teliʒɑ̃, ɛ̃teliʒɑ̃t]
Adjektiv klug.

interdire [ɛ̃tɛʀdiʀ]
Verb verbieten. Maman a **interdit** aux enfants de jouer dans la rue.

intéressant, intéressante [ɛ̃terɛsɑ̃, ɛ̃terɛsɑ̃t]
Adjektiv interessant.

intérieur, intérieure [ɛ̃terjœʀ]
I. *Adjektiv* innerer, innere, inneres. Pépé a mis ses lunettes dans la poche **intérieure** de sa veste.
II. *Nomen, Maskulinum* **l'intérieur** **1.** das Innere. L'**intérieur** de la voiture était couvert de poils de chien. **2. à l'intérieur** drinnen. Comme il pleuvait, les enfants sont restés **à l'intérieur**.

une interview [ɛ̃tɛrvju]
Nomen ein Interview. Juliette regarde une **interview** de son acteur favori à la télé.

inviter [ɛ̃vite]
Verb einladen. Juliette a **invité** dix amis à son anniversaire.

l'Italie [itali]
Nomen, Femininum Italien.

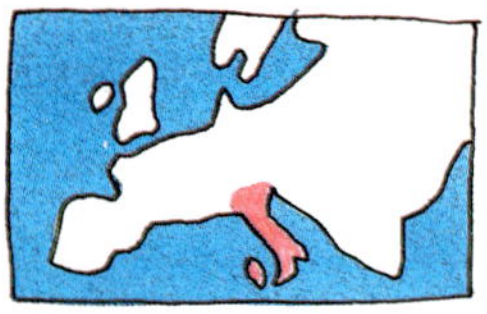

italien, italienne [italjɛ̃, italjɛn]
I. *Adjektiv* italienisch.
II. *Nomen* **1. un Italien, une Italienne** ein Italiener, eine Italienerin. **2. l'italien** das Italienische.

J

jamais [ʒamɛ]
Adverb nie. Annie n'est **jamais** allée à l'étranger.

la jambe [ʒɑ̃b]
Nomen das Bein.

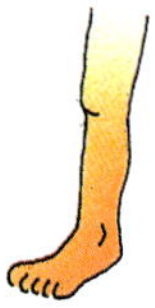

le jambon [ʒɑ̃bɔ̃]
Nomen der Schinken. Juliette a un sandwich au fromage et un autre au **jambon**.

janvier [ʒɑ̃vje]
Nomen, Maskulinum Januar.

le Japon [ʒapɔ̃]
Nomen Japan.

japonais, japonaise [ʒapɔnɛ, ʒapɔnɛz]
I. *Adjektiv* japanisch.
II. *Nomen* **1. le Japonais, la Japonaise** der Japaner, die Japanerin. **2. le japonais** das Japanische.

le jardin [ʒaʀdɛ̃]
Nomen der Garten.

le jardinier, la jardinière [ʒaʀdinje, ʒaʀdinjɛʀ]
Nomen der Gärtner, die Gärtnerin.

jaune [ʒon]
Adjektiv gelb.

je [ʒ(ə)]
Pronomen ich. **Je** m'appelle Jean!

le jeans [dʒin]
Nomen die Jeans.

le jeu, les jeux [ʒø]
Nomen **1.** das Spiel, die Spiele. Jean a reçu un nouveau **jeu** pour Noël. **2. le jeu-vidéo** das Videospiel.

le jeudi [ʒødi]
Nomen der Donnerstag.

jeune [ʒœn]
Adjektiv jung. Madame Durand est un très **jeune** professeur.

la joie [ʒwa]
Nomen die Freude. Pipo a sauté de **joie** quand les enfants sont rentrés de l'école.

joindre [ʒwɛ̃dʀ(ə)]
Verb **1.** (telefonisch) erreichen. «Je ne peux pas **joindre** papa, sa ligne est occupée,» dit maman.
2. mitmachen. «Puis-je me **joindre** à vous?» demande Ali aux autres enfants.

joli, jolie [ʒɔli]
Adjektiv hübsch.

la jonquille [ʒɔ̃kij]
Nomen die Osterglocke. Pépé a cueilli un bouquet de **jonquilles** dans le jardin.

la joue [ʒu]
Nomen
die Backe.

jouer [ʒwe]
Verb **1.** spielen. Jean et Ali aiment **jouer** aux indiens et aux cow-boys.
2. jouer d'un instrument ein Musikinstrument spielen.

le jouet [ʒwɛ]
Nomen das Spielzeug.

le joueur, la joueuse [ʒwœʀ, ʒwøz]
Nomen der Spieler, die Spielerin. Il y a onze **joueurs** dans une équipe de football.

le jour [ʒuʀ]
Nomen **1.** der Tag. «Quel **jour** de la semaine sommes-nous?» demande pépé. **2. le jour férié** der Feiertag. En France, le 14 juillet est un **jour férié**, les gens ne travaillent pas et les magasins sont fermés. **3. tous les jours** jeden Tag.

le journal, les journaux
[ʒuʀnal, ʒuʀno]
Nomen
die Zeitung,
die Zeitungen.

joyeux, joyeuse [ʒwajø, ʒwajøz]
Adjektiv fröhlich.

juillet [ʒɥijɛ]
Nomen, Maskulinum Juli.

juin [ʒɥɛ̃]
Nomen, Maskulinum Juni.

le jumeau, la jumelle [ʒymo, ʒymɛl]
Nomen
1. der Zwilling.
2. les jumelles
das Fernglas.
Papa utilise des **jumelles** pour voir le bateau au loin.

la jungle [ʒɔ̃gl(ə)]
Nomen
der Dschungel.

la jupe [ʒyp]
Nomen der Rock.

le jus [ʒy]
Nomen der Saft. Juliette boit un verre de **jus** de pomme.

jusque [ʒysk(ə)]
Präposition **1. jusqu'à** bis. Annie sait déjà compter **jusqu'à** dix.
2. jusqu'ici bis jetzt.

juste [ʒyst(ə)]
I. *Adjektiv* **1.** gerecht. Ce n'est pas **juste** de prendre le ballon à Annie, elle aussi veut jouer. **2.** richtig. Le professeur a posé une question. La réponse de Jean était **juste**.
II. *Adverb* **1.** gerade. Papa vient **juste** de partir. **2.** genau. Maman a mis une bougie **juste** au milieu du gâteau d'anniversaire d'Annie.

K

le kangourou [kɑ̃guʀu]
Nomen
das Känguruh.
Les **kangourous** et les koalas vivent en Australie.

le ketchup [kɛtʃəp]
Nomen
der Ketchup.

le klaxon [klaksɔn]
Nomen
die Hupe.
Jean est presque tombé de son vélo quand il a entendu le **klaxon** de la voiture.

le koala [kɔala]
Nomen
der Koalabär.

L

la, l' [l(a)]
I. *bestimmter Artikel* **1.** die. **la** femme die Frau. **2.** der. **la** jupe der Rock. **3.** das. **la** maison das Haus.
II. *Pronomen* **1.** sie. «Juliette est là-bas, **la** vois-tu?» demande maman en montrant le groupe de filles.
2. ihn. «Où est ma jupe bleu?» demande Juliette. «Je **l'**ai vu dans la salle de bain», répond maman **3.** es. «Tu vois notre maison, Annie?» «Oui, je **la** vois».

là [la]
Adverb **1.** da. Le stylo est **là** sur la table. **2.** dahin. «L'année prochaine, on ira en vacances **là**», dit papa. **3. là-bas** da drüben. «Juliette est **là-bas**, la vois-tu?» demande maman en montrant le groupe de filles.

le lac [lak]
Nomen
der See.

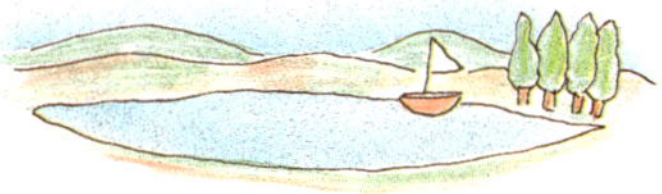

le lacet [lasɛ]
Nomen der Schnürsenkel.
Jean a noué les **lacets** des chaussures de pépé.

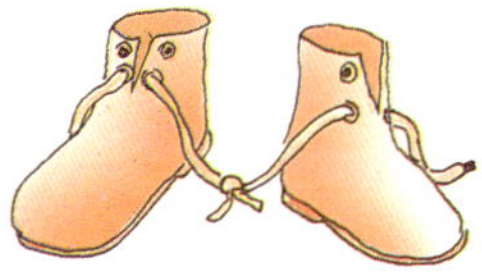

laid, laide [lɛ,lɛd]
Adjektiv häßlich. Le chien des voisins a de courtes pattes, ce qui le rend un peu **laid**.

la laine [lɛn]
Nomen
die Wolle.

la laisse [lɛs]
Nomen die Leine. Pipo apporte sa **laisse** à Jean. Qu'est-ce qu'il veut lui dire?

laisser [lese]
Verb **1.** lassen. Les Martin **laissent** toujours Pipo chez les voisins quand ils partent en vacances. **2. laisser tomber** fallen lassen. Maman est fâchée parce que Jean a **laissé tomber** le pot de lait.

le lait [lɛ]
Nomen die Milch.

la laitue [lety]
Nomen der Kopfsalat.

la lampe [lɑ̃p(ʀ)]
Nomen
1. die Lampe. Pépé allume la **lampe** pour lire.
2. la lampe de poche die Taschenlampe.

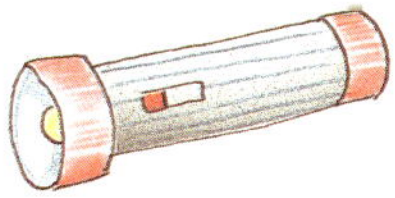

lancer [lɑ̃se]
Verb werfen. Jean **lance** une balle en direction de Pipo.

la langue [lɑ̃g]
Nomen
1. die Zunge.
2. la langue étrangère die Fremdsprache. Juliette apprend deux **langues étrangères** à l'école.

le lapin [lapɛ̃]
Nomen das Kaninchen.

large [laʀʒ(ə)]
Adjektiv breit. La rue que papa doit traverser pour aller au travail est très **large**.

la larme [laʀm(ə)]
Nomen die Träne.

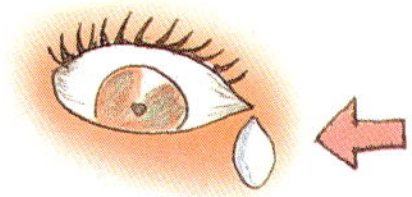

le lavabo [lavabo]
Nomen das Waschbecken.

laver [lave]
Verb **1.** waschen. **2. se laver** sich waschen. Jean **se lave** les mains avant de passer à table.

le, l' [l(ə)]
I. *bestimmter Artikel* **1.** der. **l'**homme der Mann. **2.** die. **le** pigeon die Taube. **3.** das. **le** livre das Buch.
II. *Pronomen* **1.** ihn. «Où est Jean? **L'**avez-vous vu?» demande maman. **2.** es. «Jean est au stade, je **le** sais, c'est Ali qui me **l'**a dit», répond Juliette. **3.** sie. «Où est mon appareil photo?» crie Sylvie, «je ne **le** trouve pas!»

la leçon [l(ə)sɔ̃]
Nomen die Unterrichtsstunde. Cet après-midi, Sylvie a une **leçon** de piano avec le professeur de musique.

léger, légère [leʒe, leʒɛʀ]
Adjektiv leicht. Aujourd'hui le cartable de Jean est assez **léger** parce qu'il a oublié deux livres.

le légume [legym]
Nomen das Gemüse. Pépé cultive des **légumes** dans son jardin.

lent, lente [lɑ̃, lɑ̃t]
Adjektiv langsam. «Plus vite, Ali! Tu es trop **lent**», dit Jean.

lequel, laquelle, lesquels, lesquelles [ləkɛl,lakɛl,lekɛl]
Pronomen **1.** welcher, welche, welches. «Juliette, **laquelle** de ces robes préfères-tu?» demande Sylvie. **2. n'importe lequel, laquelle** irgendeiner, irgendeine, irgendeines. **3. n'importe lesquels, lesquelles** irgendwelche.

les [le]
I. *bestimmter Artikel,* die. **les** livres die Bücher.
II. *Pronomen* sie. «Où sont les enfants?» demande maman. «Je ne **les** vois pas.»

la lettre [lɛtʀ(ə)]
Nomen
1. der Brief.
2. der Buchstabe.

leur, leurs [lœʀ]
Pronomen **1**. ihr, ihre. Juliette et Annie aiment beaucoup **leur** frère Jean. **2. le leur, la leur, les leurs** ihrer, ihre, ihres. «Tu ne peux pas garder ces jouets», dit maman à Annie. «Ils sont à Jean et Ali, ce sont **les leurs**.» **3. leur** ihnen. Mémé aime beaucoup les oiseaux. Tous les jours elle **leur** donne à manger.

lever [l(ə)ve]
I. *Verb* **1.** heben. Après que le professeur a posé sa question, certains élèves ont **levé** la main pour donner la réponse. **2. se lever** aufstehen. Le matin, papa **se lève** le premier. **3.** aufgehen. Le soleil **se lève** à l'est.
II. *Nomen* **le lever du soleil** der Sonnenaufgang.

la lèvre [lɛvʀ(ə)]
Nomen die Lippe.

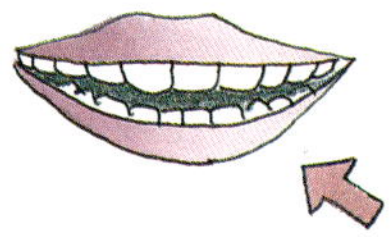

libre [libʀ(ə)]
Adjektiv frei. Mémé a pris la dernière place **libre** dans le bus.

le lieu [ljø]
Nomen der Ort.

la ligne [liɲ]
Nomen **1.** die Linie. **2. la pêche à la ligne** das Angeln.

la limonade [limɔnad]
Nomen die Limonade. Ali boit un verre de **limonade**.

le linge [lɛ̃ʒ]
Nomen die Wäsche. Maman accroche le **linge** dans le jardin.

le lion [ljɔ̃]
Nomen
der Löwe.

liquide [likid]
Adjektiv flüssig.

lire [liʀ]
Verb **1.** lesen. **2.** vorlesen. Maman **lit** une histoire à Annie.

lisse [lis]
Adjektiv glatt. Le pelage de Minouche est **lisse** et doux.

la liste [list(ə)]
Nomen die Liste. Maman avait fait une **liste** des choses qu'elle devait acheter au supermarché.

le lit [li]
Nomen
das Bett.
Jean oublie souvent de faire son **lit.**

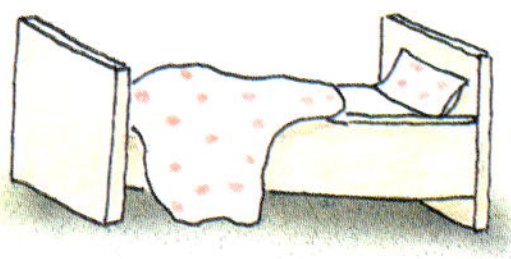

le livre [livʀ(ə)]
Nomen
1. das Buch.
2. le livre d'images das Bilderbuch. Annie regarde son nouveau **livre d'images**.

la livre [livʀ(ə)]
Nomen das Pfund. «Va acheter une **livre** de beurre», dit Maman à Jean.

loin [lwɛ̃]
Adverb weit. Ali n'habite pas **loin** de chez Jean. **2. au loin** in der Ferne.

long, longue [lɔ̃,lɔ̃g]
I. *Adjektiv* lang. Sylvie a des cheveux **longs**.
II. *Präposition* **le long de** entlang. Jean et Juliette se promènent **le long de** la plage.

lorsque [lɔʀsk(ə)]
Konjunktion als. Papa voulait sortir **lorsqu'**il a commencé à pleuvoir.

le loup [lu]
Nomen
der Wolf.

lourd, lourde [luʀ,luʀd(ə)]
Adjektiv schwer. La valise de Juliette est si **lourde** qu'elle ne peut pas la soulever.

la luge [lyʒ]
Nomen
der Schlitten.

lui [lɥi]
Pronomen
1. er. «C'est **lui**!» dit Juliette en montrant un homme portant un imperméable sale. **2.** ihm. «Je n'ai pas entendu un mot de **lui** ce matin», dit papa en parlant de Jean. **3.** ihr. «Juliette est sortie. Voulez-vous **lui** laisser un message?» demande pépé au téléphone.

la lumière [lymjɛʀ]
Nomen das Licht. Maman allume la **lumière**.

le lundi [lɑ̃di]
Nomen der Montag.

la lune [lyn]
Nomen der Mond.

les lunettes [lynɛt]
Nomen, Femininum
1. die Brille.

Mémé met ses **lunettes** pour lire.
2. les lunettes de soleil
die Sonnenbrille.

le Luxembourg [lyksɑ̃buʀ]
Nomen Luxemburg.

M

ma [ma]
siehe **mon**.

mâcher [maʃe]
Verb kauen. La vache regardait Pipo tout en continuant à **mâcher** de l'herbe.

la machine [maʃin]
Nomen **1.** die Maschine.
2. la machine à laver
die Waschmaschine.
«S'il te plaît, mets ton linge sale dans **la machine à laver**», dit maman.

Madame, Mme [madam]
Anrede Frau.

Mademoiselle, Mlle [madmwazɛl]
Anrede Fräulein.

le magasin [magazɛ̃]
Nomen **1.** das Geschäft. Maman a acheté des chaussures dans un **magasin**. **2. le grand magasin** das Kaufhaus.

le magazine [magazin]
Nomen
die Zeitschrift.

le magnétoscope [maɲetɔskɔp]
Nomen der Videorecorder.

mai [mɛ]
Nomen, Maskulinum Mai.

maigre [mɛgʀ(ə)]
Adjektiv mager.

le maillot de bain [majod(ə)bɛ̃]
Nomen **1.** der Badeanzug.
2. die Badehose.

la main [mɛ̃]
Nomen die Hand. Jean a levé la **main** pour répondre à la question du professeur.

maintenant [mɛ̃tnɑ̃]
Adverb jetzt. Juliette a fini ses devoirs. Elle peut aller jouer **maintenant**.

mais [mɛ]
Konjunktion aber. Juliette fait du ballet **mais** Jean n'en fait pas.

la maison [mɛzɔ̃]
Nomen
1. das Haus.
Papa quitte la **maison** tous les matins à sept heures et demie pour aller travailler. **2. à la maison** zu Hause. Juliette est restée **à la maison**, car elle est malade.
3. la maison de poupée das Puppenhaus.

mal [mal]
I. *Adverb* **1.** schlecht. **2. se sentir mal** sich krank fühlen.
II. *Nomen* **le mal 1.** der Schmerz. Ali est allé chez le docteur, car il avait **mal** au ventre. **2. se faire mal** sich weh tun. Annie est tombée et **s'est fait mal**. **3. avoir mal à la tête** Kopfschmerzen haben. Juliette **a mal à la tête**, car elle est restée trop longtemps au soleil. **4. avoir mal aux dents** Zahnschmerzen haben.

malade [malad]
Adjektiv krank. Juliette est **malade**, alors maman appelle le docteur.

la maladie [maladi]
Nomen die Krankheit.

mâle [mal]
Adjektiv männlich. Pipo est un chien **mâle**.

la maman [mamɑ̃]
Nomen die Mama.

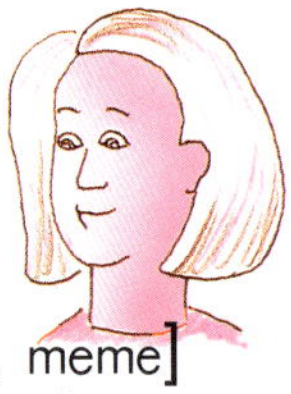

la mami, la mémé [mami, meme]
Nomen die Oma. Les enfants appellent leur grand-mère «**mémé**».

le manche [mɑ̃ʃ]
Nomen der Stiel. Papa essaie de faire tomber le ballon de l'arbre avec le **manche** du balai.

la manche [mɑ̃ʃ]
Nomen der Ärmel.

manger [mɑ̃ʒe]
Verb **1.** essen. Ali aime **manger** des frites avec tout.
2. fressen. Pipo a **mangé** les saucisses qui étaient sur la table de la cuisine. **3. donner à manger** füttern. Annie, Jean et Juliette **donnent à manger** aux canards qui nagent sur l'étang.

la manière [manjɛʀ]
Nomen die Art und Weise.

manquer [mɑ̃ke]
Verb
1. fehlen. Un bouton **manque** au veston de pépé. **2.** nicht treffen. Jean n'aime pas jouer au football avec Ali parce que celui-ci **manque** souvent le but.

le manteau [mɑ̃to]
Nomen der Mantel. Maman a ordonné aux enfants de mettre leurs **manteaux** pour sortir.

le manuel [manɥɛl]
Nomen das Lehrbuch.

le marchand, la marchande [maʀʃɑ̃, maʀʃɑ̃d]
Nomen der Verkäufer, die Verkäuferin. Pépé va toujours chez le **marchand** de journaux au coin de la rue.

la marche [maʀʃ(ə)]
Nomen **1.** die Stufe.
2. die Wanderung.

le marché [maʀʃe]
Nomen **1.** der Markt. Maman achète toujours les légumes et les fruits au **marché**. **2. (à) bon marché** billig.

marcher [maʀʃe]
Verb **1.** gehen. **2.** funktionieren. La montre de Juliette ne **marche** plus. Il faut la réparer.

le mardi [maʀdi]
Nomen der Dienstag.

le mari [maʀi]
Nomen der Ehemann. Oncle Fernand est le **mari** de tante Sarah.

le mariage [maʀjaʒ]
Nomen die Hochzeit.

marié, mariée [maʀje]
I. *Adjektiv* verheiratet.
II. *Nomen* **1. le marié** der Bräutigam. **2. la mariée** die Braut.

se marier [səmaʀje]
Verb heiraten. Maman et papa **se sont mariés** dans une église il y a quinze ans.

le marin [maʀɛ̃]
Nomen der Matrose.

la marmite [maʀmit]
Nomen der Kochtopf.

marquer [maʀke]
Verb **1.** markieren. **2. marquer un but** ein Tor schießen.

le marron [maʀɔ̃]
Nomen die Kastanie.

mars [maʀs]
Nomen, Maskulinum März.

le marteau [maʀto]
Nomen
der Hammer.

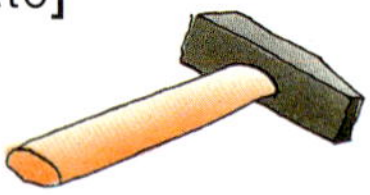

le masque [mask(ə)]
Nomen
die Maske.

le match [matʃ]
Nomen das Spiel. Jean regarde un **match** de football à la télé.

le matelas [matla]
Nomen
die Matratze.

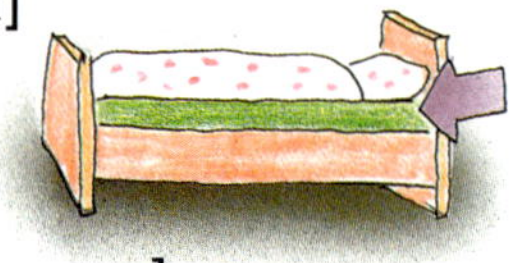

la maternelle [matɛʀnɛl]
Nomen der Kindergarten.

les mathématiques, les maths
[matematik, mat]
Nomen, Femininum die Mathematik. Les **maths** sont la matière favorite de Sylvie.

la matière [matjɛʀ]
Nomen das Fach. L´anglais est la **matière** préférée de Juliette.

le matin [matɛ̃]
Nomen **1.** der Morgen. **2. le matin** morgens. Maman aime faire les courses **le matin**.

mauvais, mauvaise [mɔvɛ, mɔvɛz]
Adjektiv **1.** schlecht. Jean n'aime pas promener Pipo par **mauvais** temps. **2.** schlimm. Mémé a un **mauvais** rhume.

me, m' [m(ə)]
Pronomen **1.** mich. «Papa, Jean **m**'a frappé!» crie Annie. **2.** mir. «Jean, peux-tu **me** dire l'heure?» demande Ali.

méchant, méchante [meʃɑ̃, meʃɑ̃t]
Adjektiv böse. «Ne sois pas **méchante** avec ta petite soeur!» dit maman à Juliette.

le médicament [medikamɑ̃]
Nomen
die Medizin.
Le docteur a donné un **médicament** contre la grippe à Sylvie.

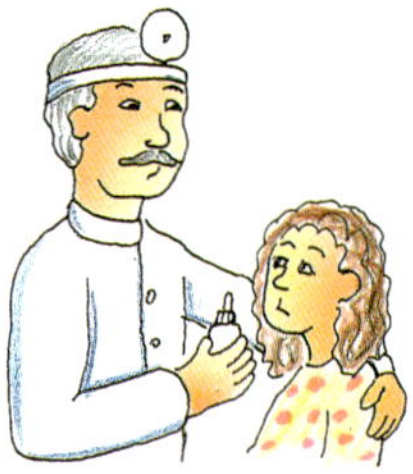

meilleur, meilleure [mɛjœʀ]
Adjektiv **1.** besser. Maman sait qu'elle est **meilleure** cuisinière que papa. **2. le meilleur, la meilleure** der, die, das beste. Jean est **le meilleur** élève de sa classe en français.

mélanger [melɑ̃ʒe]
Verb
mischen.
Si on **mélange** du bleu et du jaune on obtient du vert.

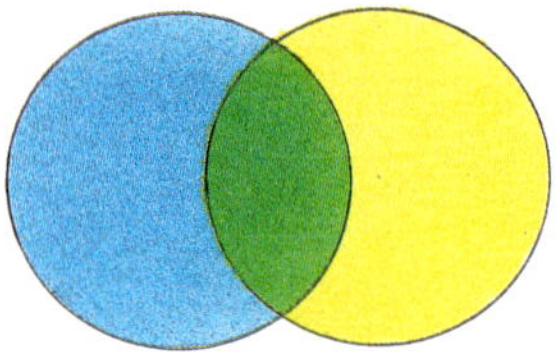

la mélodie [melɔdi]
Nomen die Melodie. «Cette chanson a une belle **mélodie**», dit maman.

le melon [m(ə)lɔ̃]
Nomen
die Melone.

même [mɛm]
I. *Adjektiv* derselbe, dieselbe, dasselbe. Jean et Ali ont le **même** âge.
II. *Adverb* sogar. Pépé travaille dans le jardin **même** quand il pleut.

mentir [mɑ̃tiʀ]
Verb lügen. Jean a **menti** en disant qu'il avait fini ses devoirs.

le menton [mɑ̃tɔ̃]
Nomen das Kinn.

la mer [mɛʀ]
Nomen **1.** das Meer. **2. le bord de la mer** die Küste. Cette année les Martin passent les vacances au **bord de la mer**.

merci [mɛʀsi]
Interjektion danke. Jean a donné ses sandwichs à Ali. «**Merci**!» dit Ali.

le mercredi [mɛʀkʀədi]
Nomen der Mittwoch.

la mère [mɛʀ]
Nomen die Mutter.

mes [me]
siehe **mon**.

le message [mesaʒ]
Nomen die Nachricht. «Juliette est sortie. Voulez-vous lui laisser un **message**?» demande maman.

le métal [metal]
Nomen das Metall.

le métro [metʀo]
Nomen die U-Bahn. A Paris beaucoup de gens préfèrent prendre le **métro** pour éviter les bouchons.

mettre [mɛtʀ(ə)]
Verb **1.** stecken. Juliette **met** ses mains dans ses poches parce qu'elle a froid. **2.** anziehen. Jean **met** ses chaussures. **3.** legen. Papa a **mis** le journal dans la poubelle après avoir fini de le lire. **4.** stellen. «**Mets** ton verre vide sur la table», dit maman à Jean. **5.** decken. Juliette **met** la table pour le déjeuner. **6.** brauchen. Jean **met** cinq minutes pour aller chez Ali.

se mettre [səmetʀ(ə)]
Verb **1. sich setzen**. Ali **se met** au piano pour répéter sa leçon. **2. se mettre à faire quelque chose** anfangen, etwas zu tun.

le meuble [mœbl(ə)]
Nomen das Möbelstück.

le microphone [mikʀɔfɔn]
Nomen das Mikrofon.

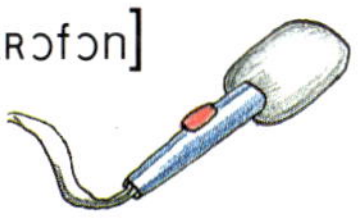

midi [midi]
Nomen, Maskulinum **1.** der Mittag. **2. à midi** mittags. Parfois papa rentre manger à la maison **à midi**.

le miel [mjɛl]
Nomen der Honig.

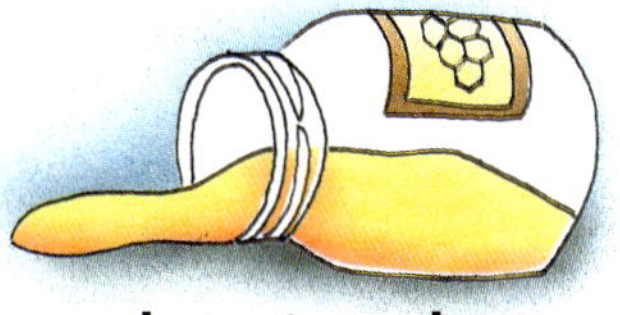

le mien, la mienne, les miens, les miennes [mjɛ̃, mjɛn]
Pronomen meiner, meine, meines. «Jean a sa chambre, Annie la sienne et moi la **mienne**», dit Juliette.

mieux [mjø]
Adverb besser. Maman joue **mieux** du piano que Juliette.

le milieu [miljø]
Nomen die Mitte. Ne restez pas au **milieu** de la route!

mille [mil]
Adjektiv tausend.

mince [mɛ̃s]
Adjektiv dünn. Jean a l'air **mince** quand on le compare à Ali.

minuit [minɥi]
Nomen, Maskulinum Mitternacht. La nouvelle année commence le 31 décembre à **minuit**.

la minute [minyt]
Nomen **1.** die Minute. «Vite, nous devons partir dans cinq **minutes**», dit papa. **2. «Minute!»** «Moment!».

le miroir [miʀwaʀ]
Nomen
der Spiegel.

la mode [mɔd]
Nomen die Mode. Juliette et Sylvie savent tout de la dernière **mode**.

moi [mwa]
Pronomen **1.** ich. «**Moi**, j'ai neuf ans», dit Jean. **2.** mich. «Ce cadeau est pour **moi**, crie Annie. **3.** mir. «Raconte-**moi** une histoire, s'il te plaît pépé», a demandé Annie. **4. moi-même** ich selbst. «J'ai fait ce gâteau **moi-même**», dit Juliette.

moins [mwɛ̃]
Adverb **1.** weniger. D'habitude, Jean a **moins** de devoirs que Juliette. **2. au moins** mindestens. Il y avait **au moins** cent personnes au concert.

le mois [mwa]
Nomen der Monat.

la moitié [mwatje]
Nomen die Hälfte. Maman a coupé la pomme en deux et a donné une **moitié** à Juliette et l'autre **moitié** à Jean.

le moment [mɔmɑ̃]
Nomen **1.** der Augenblick. S'il vous plaît, attendez un **moment**. **2. en ce moment** im Augenblick.

mon, ma, mes [mɔ̃, ma, me]
Adjektiv mein, meine. «Jean est **mon** grand frère», dit Annie.

le monde [mɔ̃d]
Nomen
die Welt.

la monnaie
[mɔnɛ]
Nomen
das Kleingeld.

Monsieur, M. [məsjø]
Anrede **1.** Herr. **2. Messieurs** meine Herren.

le monstre [mɔ̃stʀ(ə)]
Nomen das Ungeheuer.

la montagne [mɔ̃taɲ]
Nomen der Berg. Pépé aimait passer ses vacances à la **montagne** quand il était plus jeune.

monter [mɔ̃te]
Verb
1. hinaufgehen. Juliette n'aime pas **monter** l'escalier parce qu' elle est trop parasseuse.

2. einsteigen. Papa est **monté** dans la voiture. **3. monter à cheval** reiten. Juliette a appris à **monter à cheval** à six ans.

la montre [mɔ̃tʀ(ə)]
Nomen die Armbanduhr. Jean a reçu une nouvelle **montre** pour son anniversaire

montrer [mɔ̃tʀe]
Verb zeigen. «Oh regarde, maman!» crie Annie en **montrant** l'âne du doigt.

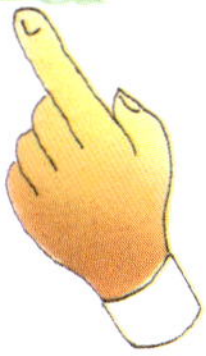

le morceau, les morceaux [mɔʀso]
Nomen das Stück, die Stücke. «Puis-je avoir un autre **morceau** de chocolat?» demande Annie.

mordre [mɔʀdʀ(ə)]
Verb beißen. Le facteur croit que Pipo essaie de le **mordre**.

mort, morte [mɔʀ, mɔʀt(ə)]
Adjektiv tot.

le moteur [mɔtœʀ]
Nomen der Motor. Le **moteur** de la voiture faisait des bruits étranges.

la moto [mɔto]
Nomen das Motorrad.

mou, mol, molle [mu, mɔl]
Adjektiv weich. Maman a oublié de mettre le beurre dans le réfrigérateur et maintenant il est tout **mou**.

la mouche [muʃ]
Nomen die Fliege.

le mouchoir [muʃwaʀ]
Nomen das Taschentuch. Jean sort son **mouchoir** pour envelopper prudemment la coccinelle.

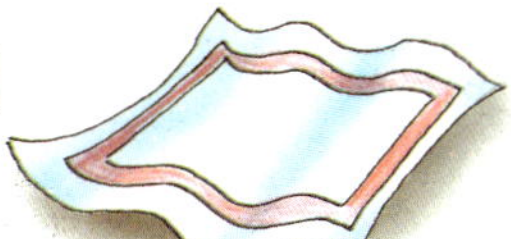

la mouette [mwɛt]
Nomen die Möwe.

mouillé, mouillée [muje]
Adjektiv naß. Jean a les pieds **mouillés**, car il s'est promené sous la pluie.

le mountain bike [montainbaik]
Nomen das Moutainbike.

mourir [muʀiʀ]
Verb sterben. Si l'on sort un poisson de l'eau, il **meurt**.

le mouton [mutɔ̃]
Nomen das Schaf.

le mouvement [muvmɑ̃]
Nomen die Bewegung.

le mur [myʀ]
Nomen **1.** die Mauer. Minouche est assise sur le **mur** du jardin et regarde les oiseaux.
2. die Wand. Papa peint les **murs** de la chambre de Juliette en jaunc.

mûr, mûre [myʀ]
Adjektiv reif. «Attendez que les pommes soient **mûres** avant de les manger», conseille mémé.

la mûre sauvage [myʀsovaʒ]
Nomen die Brombeere.

le musée [myze]
Nomen das Museum.

la musique [myzik]
Nomen die Musik.

nager [naʒe]
Verb schwimmen. Maman va **nager** avec Annie tous les mardis matins.

la nappe [nap]
Nomen
die Tischdecke.

la nature [natyʀ]
Nomen
die Natur.

la navette spatiale
[navɛtspasjal]
Nomen das Raumschiff.

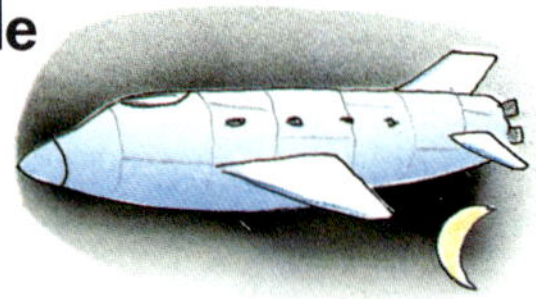

né, née [ne]
Adjektiv geboren. Jean est **né** en juillet.

nécessaire [nesesɛʀ]
Adjektiv notwendig. Il est **nécessaire** de promener Pipo tous les jours.

néerlandais, néerlandaise [neɛʀlɑ̃dɛ, neɛʀlɑ̃dɛz]
I. *Adjektiv* niederländisch.
II. *Nomen* **1. le Néerlandais, la Néerlandaise** der Niederländer, die Niederländerin.
2. le néerlandais das Niederländische.

la neige [nɛʒ]
Nomen
der Schnee.

nettoyer [nɛtwaje]
Verb putzen. Juliette aide maman à **nettoyer** la cuisine.

neuf [nœf]
Adjektiv neun.

neuf, neuve [nœf,nœv]
Adjektiv neu.

le neveu, les neveux [n(ə)vø]
Nomen der Neffe, die Neffen. Jean est le **neveu** de tante Sarah.

le nez [ne]
Nomen
die Nase.

la niche [niʃ]
Nomen die Hundehütte.
La **niche** de Pipo est dans le jardin, mais il dort dans la cuisine.

le nid [ni]
Nomen
das Nest.
Il y a trois oeufs dans le **nid** de l'oiseau.

la nièce [njɛs]
Nomen die Nichte. Juliette est la **nièce** de tante Sarah.

Noël [nɔɛl]
Nomen, Maskulinum
1. Weihnachten. **Noël** est le 25 décembre. **2. Joyeux Noël!** Fröhliche Weihnachten!

le noeud [nø]
Nomen der Knoten. Jean a fait un **noeud** avec les lacets des chaussures de pépé.

noir, noire [nwaʀ]
Adjektiv
schwarz.

la noix [nwa]
Nomen **1.** die Nuß.
2. la noix de coco
die Kokosnuß.

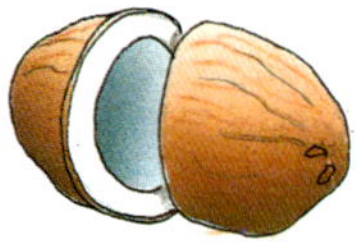

le nom [nɔ̃]
Nomen **1.** der Name. «Quel est ton **nom**, comment t'appelles-tu?» demande Madame Dupont. **2. le nom de famille** der Nachname.

le nombre [nɔ̃bʀ(ə)]
Nomen die Zahl.

nombreux, nombreuse [nɔ̃bʀø, nɔbʀøz]
Adjektiv zahlreich.

non [nɔ̃]
Adverb nein.

le nord [nɔʀ]
Nomen **1.** der Norden.
2. l'Allemagne du nord Norddeutschland.

la Norvège [nɔʀvɛʒ]
Nomen Norwegen.

norvégien, norvégienne [nɔʀveʒjɛ̃, nɔʀveʒjɛn]
I. *Adjektiv* norwegisch.
II. *Nomen* **1. le Norvégien, la Norvégienne** der Norweger, die Norwegerin. **2. le norvégien** das Norwegische.

nos [no]
siehe **notre**.

la note [nɔt]
Nomen
1. die Note. Juliette a reçu une bonne **note** pour son devoir de maths. **2.** die Musiknote. **3.** die Notiz. Maman a écrit une **note** pour ne pas oublier d'acheter une paire de chaussettes à Juliette.

noter [nɔte]
Verb aufschreiben. Papa a **noté** le numéro de téléphone d'oncle Fernand dans son petit cahier noir.

notre, nos [nɔtʀ(ə)]
Adjektiv unser, unsere. «Pipo est **notre** chien», dit Jean au facteur.

le nôtre, **la nôtre**, **les nôtres** [notʀ(ə)]
Pronomen unserer, unsere, unseres. «Il y a trois voitures garées dans la rue, la bleue est **la nôtre**», dit papa.

nouer [nwe]
Verb binden. Jean a **noué** les laçets des chaussures de pépé.

nourrir [nuʀiʀ]
Verb ernähren.

la nourriture [nuʀityʀ]
Nomen die Nahrung.

nous [nu]
Pronomen **1.** wir. «Bonjour», dit maman, «**nous** sommes les parents de Jean et de Juliette.» **2.** uns. Nous **nous** sommes regardés dans le miroir. **3. nous-mêmes** wir selbst.

nouveau, nouvel, nouvelle [nuvo,nuvɛl]
I. *Adjektiv* neu.
II. *Nomen* **la nouvelle** die Nachricht. La lettre de tante Sarah contient de bonnes **nouvelles**.

novembre [nɔvɑ̃bʀ(ə)]
Nomen, Maskulinum November.

le nuage [nɥaʒ]
Nomen die Wolke.

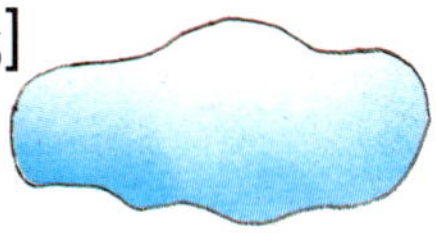

nuageux, nuageuse [nɥaʒø, nɥaʒøz]
Adjektiv bewölkt. Le ciel est très **nuageux**. Il va pleuvoir.

la nuit [nɥi]
Nomen
1. die Nacht.
2. nachts. Les hamsters ne dorment pas la **nuit**.
3. bonne nuit! gute Nacht!

nulle part [nylpaʀ]
Adverb nirgends. «Pipo est **nulle part** dans la maison!» dit Jean.

le numéro [nymeʀo]
Nomen **1.** die Nummer. Les Martin habitent au **numéro** 15 de la rue du Marché. **2. le numéro de téléphone** die Telefonnummer. «Quel est ton **numéro de téléphone**?» demande Jean. «C'est le 65.43.21», répond Ali.

O

obéir [ɔbeiʀ]
Verb gehorchen.

occupé, occupée [ɔkype]
Adjektiv **1.** beschäftigt. Papa était trop **occupé** pour remarquer que Jean rampait derrière lui. **2.** besetzt. La ligne de téléphone est **occupée**.

occuper [ɔkype]
Verb **1.** besetzen. Les enfants **occupent** les places arrières dans la voiture. **2. s'occuper de** sich kümmern um. Juliette **s'occupe d'**Annie pendant que maman fait des courses.

un océan [ɔseɑ̃]
Nomen ein Ozean.

octobre [ɔktɔbʀ(ə)]
Nomen, Maskulinum Oktober.

une odeur [ɔdœʀ]
Nomen **1.** ein Geruch. **2.** ein Duft.

un oeil, les yeux [œj, jø]
Nomen
ein Auge, die Augen.
Annie ferme les **yeux** et compte jusqu'à dix pendant que les autres se cachent.

un oeuf, des oeufs [œf, ø]
Nomen **1.** ein Ei, Eier. «Veux-tu un **oeuf** frit ou un **oeuf** à la coque pour le petit déjeuner?» demande maman.
2. un oeuf à la coque ein weichgekochtes Ei.

offrir [ɔfʀiʀ]
Verb **1.** schenken. Pour son anniversaire, Sylvie a **offert** une nouvelle paire de lunettes à Juliette.
2. anbieten. Un jeune homme a **offert** son aide à mémé pour monter dans le bus.

une oie [wa]
Nomen
eine Gans.
L'**oie** est plus grosse que le canard.

un oignon [ɔɲɔ̃]
Nomen
eine Zwiebel.

un oiseau, des oiseaux [wazo]
Nomen
ein Vogel, Vögel.

okay [okɛ]
Interjektion okay.

une ombre [ɔ̃bʀ(ə)]
Nomen ein Schatten. Pipo aime dormir à l'**ombre** en été.

un oncle [ɔ̃kl(ə)]
Nomen ein Onkel.

un ongle [ɔ̃ngl]
Nomen ein Fingernagel.

onze [ɔ̃z]
Adjektiv elf.

l'or [ɔʀ]
Nomen, Maskulinum das Gold.

un orage [ɔʀaʒ]
Nomen
ein Gewitter.

une orange [ɔʀɑ̃ʒ]
Nomen
eine Orange.

un orchestre [ɔʀkɛstʀ(ə)]
Nomen ein Orchester. Sylvie joue du piano dans l'**orchestre** de l'école.

un ordinateur [ɔʀdinatœʀ]
Nomen
ein Computer.

l'ordre [ɔʀdʀ(ə)]
Nomen, Maskulinum
1. die Ordnung. 2. der Befehl.

l'ordure [ɔʀdyʀ]
Nomen, Maskulinum der Abfall. «Ne jetez pas d'**ordures** par terre», gronde maman.

une oreille [ɔʀɛj]
Nomen
ein Ohr.

un oreiller [ɔʀeje]
Nomen
ein Kopfkissen.

un orteil [ɔʀtɛj]
Nomen
ein Zeh.

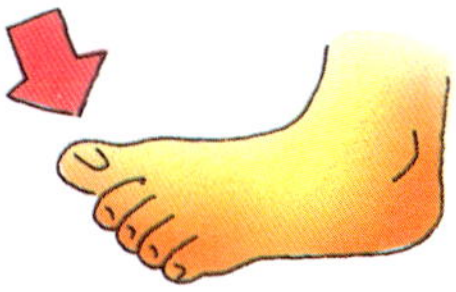

un os [ɔs]
Nomen
ein Knochen.
Pipo enterre un **os** dans le jardin.

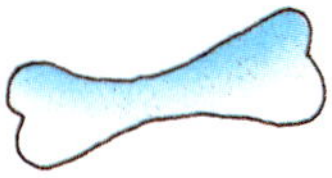

oser [oze]
Verb wagen. Jean n'**ose** pas sauter de la branche jusqu'à terre.

ou [u]
Konjunktion **1.** oder. «Nous pouvons aller au zoo **ou** au cinéma», propose mémé aux enfants. **2. ou ... ou ...** entweder ... oder. «**Ou** tu fais tes devoirs **ou** alors tu ne sortiras pas!» dit papa à Jean.

où [u]
I. *Adverb* **1.** wo. «**Où** est mon cartable?» demande Jean.
2. wohin. «**Où** allez-vous en vacances?» demande Madame Durand.

oublier [ublije]
Verb vergessen. Jean **oublie** souvent de se coiffer.

l'ouest [wɛst]
Nomen, Maskulinum der Westen.

oui [wi]
Adverb ja.

un ours [uʀs]
Nomen
1. ein Bär.
2. un ours en peluche ein Teddybär.

un outil [uti]
Nomen ein Werkzeug.

ouvert, ouverte [uvɛʀ, uvɛʀt(ə)]
Adjektiv **1.** offen. Jean a laissé la porte **ouverte** quand il est sorti. **2. être ouvert** geöffnet sein. La boulangerie **est ouverte** jusqu'à six heures.

ouvrir [uvʀiʀ]
Verb
öffnen. Maman **ouvre** la porte pour laisser sortir Pipo.

oval, ovale [ɔval]
Adjektiv oval.

P

la pagaie [pagɛ]
Nomen
das Paddel.

la page [paʒ]
Nomen die Seite. «S'il vous plaît, ouvrez vos livres à la **page** 24», demande le professeur.

la paille [paj]
Nomen **1.** das Stroh. Les petits agneaux sont couchés sur la **paille**. **2.** der Strohhalm. Jean boit de la limonade avec une **paille**.

le pain [pɛ̃]
Nomen
1. das Brot. Maman coupe une tranche de **pain**. **2. le petit pain** das Brötchen. **3. le petit pain au chocolat** das Schokobrötchen.

pair, paire [pɛʀ]
Adjektiv gerade. Les maisons du coté droit de la rue ont des numéros **pairs**.

la paire [pɛʀ]
Nomen das Paar. Jean a besoin d'une nouvelle **paire** de chaussures.

le palais [palɛ]
Nomen der Palast.

pâle [pal]
Adjektiv bleich.

le pamplemousse [pɑ̃pləmus]
Nomen die Grapefruit.

le panda [pɑ̃da]
Nomen
der Panda.

le panier [panje]
Nomen
der Korb.

le panneau [pano]
Nomen das Schild.

le pansement [pɑ̃smɑ̃]
Nomen **1.** der Verband. **2.** das Pflaster. L'infirmière applique un **pansement** sur le genou de Jean.

le pantalon [pɑ̃talɔ̃]
Nomen die Hose. Ali a déchiré son **pantalon** neuf.

la pantoufle [pɑ̃tufl(ə)]
Nomen der Hausschuh. Pipo joue avec la **pantoufle** de pépé.

le papa [papa]
Nomen der Papa.

le papi, **le pépé** [papi, pepe]
Nomen der Opa. Les enfants appellent leur grand-père «**pépé**».

le papier [papje]
Nomen das Papier. Jean écrit sur une feuille de **papier**.

le papillon [papijɔ̃]
Nomen der Schmetterling.

la pâquerette [pakʀɛt]
Nomen das Gänseblümchen. Juliette fait un bouquet de **pâquerettes** pour Annie.

Pâques [pak]
Nomen, Femininum Ostern.

le paquet [pakɛ]
Nomen
1. das Paket. Le facteur a apporté un **paquet** pour Juliette ce matin.
2. das Päckchen. Ali a acheté un **paquet** de bonbons au supermarché.

par [paʀ]
Präposition **1.** durch. Minouche aime bien entrer **par** la fenêtre.
2. mit. Tante Sarah a envoyé un cadeau d'anniversaire à Juliette **par** la poste. **3.** von. Maman a appris **par** les voisins que Jean a cassé une vitre.

paraître [paʀɛtʀ(ə)]
Verb scheinen. «Pépé **paraît** lire le journal, mais je pense qu'il dort», souffle Jean.

le parapluie [paʀaplɥi]
Nomen der Regenschirm. Juliette a ouvert son **parapluie** quand il a commencé à pleuvoir.

le parc [paʀk]
Nomen der Park. Mémé se promène avec Annie dans le **parc**.

parce que [paʀsk(ə)]
Konjunktion weil. Juliette ne va pas à l'école aujourd'hui **parce qu'**elle se sent malade.

pardon [paʀdɔ̃]
Interjektion **1.** Entschuldigung.
2. pardon? wie bitte? «**Pardon**, peux-tu répéter cela s'il te plaît, je ne t'ai pas compris», dit mémé.

pardonner [paʀdɔne]
Verb verzeihen. Juliette a **pardonné** à Jean d'avoir cassé sa raquette de tennis, car il s'est excusé.

pareil, pareille [paʀɛj]
Adjektiv gleich.

le parent, la parente [paʀɑ̃, paʀɑ̃t]
Nomen **1.** der, die Verwandte. **2. les parents** die Eltern. Papa et maman sont les **parents** de Jean, Juliette et Annie.

paresseux, paresseuse [parɛsø, parɛsøz]
Adjektiv faul. Ali est vraiment un peu **paresseux**, il n'aime pas faire du sport.

parfait, parfaite [parfɛ, parfɛt]
Adjektiv perfekt.

parfois [parfwa]
Adverb manchmal.

le parfum [parfɑ̃]
Nomen **1.** der Duft. **2.** das Parfüm.

parier [parje]
Verb wetten. «Je **parie** que je cours plus vite que toi!» crie Jean.

le parking [parkiŋ]
Nomen
1. der Parkplatz.
2. das Parkhaus.

parler [parle]
Verb **1.** sprechen. Le président va **parler** à la télévision dans quelques minutes. **2.** reden. Maman **parle** avec la voisine, Madame Dupont.

parmi [parmi]
Präposition unter.

la part [par]
Nomen der Teil. Ali mange toujours la plus grande **part** du gâteau.

à part [apar]
Präposition **1.** beiseite. **2.** außer. Tout le monde **à part** Jean était déjà parti.

partager [partaʒe]
Verb teilen. Maman a **partagé** le gâteau entre les enfants.

le, la partenaire [partənɛr]
Nomen der Partner, die Partnerin. Maman a besoin d'un **partenaire** pour jouer au tennis demain.

la partie [parti]
Nomen **1.** der Teil. La dernière **partie** du livre est très longue. **2.** das Spiel. Maman a gagné sa **partie** de tennis ce matin. **3. faire partie de** zu etwas gehören.

partir [partir]
Verb **1.** weggehen. **2.** wegfahren.

partout [partu]
Adverb überall. Dans la chambre de Jean, il y a du désordre **partout**.

le pas [pa]
Nomen der Schritt. Juliette a appris quelques nouveaux **pas** dans son cours de ballet.

pas [pa]
Adverb **1. ne ... pas** nicht. Jean **n'**aime **pas** se lever le matin pour aller à l'école. **2. (ne) pas de** kein, keine. Jean **n'**a **pas de** voiture, il est trop jeune.

le passage [pasaʒ]
Nomen **1.** der Durchgang. **2. le passage à niveau** der Bahnübergang. Au **passage à niveau**, les voitures doivent attendre le **passage** du train. **3. le passage clouté** der Zebrastreifen.

le passager, la passagère [pasaʒe, pasaʒɛʀ]
Nomen der Passagier, die Passagierin.

le passé [pase]
Nomen die Vergangenheit.

le passeport [paspɔʀ]
Nomen der Reisepaß. Les gens qui voyagent beaucoup ont besoin d'un **passeport**.

passer [pase]
Verb **1.** vorbeigehen. Tous les matins, papa **passe** devant la poste pour aller au travail. **2.** gehen. Jean **passe** de pièce en pièce en cherchant ses chaussures de tennis. **3.** geben. «Jean, peux-tu me **passer** le sel, s'il te plaît», dit maman. **4.** verbringen. Jean a **passé** beaucoup de temps à faire ses devoirs.

se passer [sɛpase]
Verb passieren. «Tu es tout mouillé! Que **s'est**-il **passé?**», demande maman.

le passe-temps [pastɑ̃]
Nomen der Zeitvertreib. Jean pense que le ballet est un **passe-temps** stupide, mais Juliette n'est pas d'accord.

la pâte [pat]
Nomen **1.** der Teig. **2. les pâtes** die Nudeln.

patient, patiente [pasjɑ̃, pasjɑ̃t]
Adjektiv **1.** geduldig. **2. être patient** Geduld haben.

le patient, la patiente [pasjɑ̃, pasjɑ̃t]
Nomen
der Patient, die Patientin.
Il y a beaucoup de **patients** à l'hôpital.

le patin [patɛ̃]
Nomen
1. le patin à glace der Schlittschuh.
2. le patin à roulettes der Rollschuh.

patiner [patine]
Verb
1. Schlittschuh laufen.
Les enfants peuvent **patiner** sur la rivière quand elle est gelée. **2.** Rollschuh laufen.

le patron [patʀɔ̃]
Nomen **1**. der Arbeitgeber. **2**. der Wirt.

la patte [pat]
Nomen
die Pfote.

pauvre [povʀ(ə)]
Adjektiv arm.

payer [peje]
Verb bezahlen. Jean a **payé** sa bande dessinée avec son argent de poche.

le pays [pei]
Nomen das Land.

les Pays-Bas [peiba]
Nomen, Maskulinum
die Niederlande.

le paysan, la paysanne [peizɑ̃, peizan]
Nomen der Bauer, die Bäuerin.

la peau [po]
Nomen **1.** die Haut. **2.** die Schale. Maman pèle une pêche parce que Annie ne mange pas la **peau** des fruits.

la pêche [pɛʃ]
Nomen
1. der Pfirsich.
2. das Angeln.
«**Pêche interdite!**»
«Angeln verboten!».

pêcher [peʃe]
Verb angeln. Jean et Ali sont partis **pêcher**.

le pêcheur [pɛʃœʀ]
Nomen der Fischer.

le peigne [pɛɲ]
Nomen der Kamm.

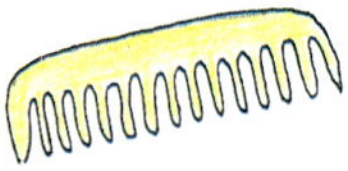

peigner [peɲe]
Verb kämmen. Juliette **peigne** ses cheveux.

peindre [pɛ̃dʀ(ə)]
Verb
1. malen.
Juilette a **peint** un tableau d´un cheval.
2. anstreichen.

le peintre [pɛ̃tʀ(ə)]
Nomen der Maler, die Malerin.

la peinture [pɛ̃tyʀ]
Nomen
1. die Farbe.
Jean a de la **peinture** noire partout sur son T-shirt.
2. das Gemälde.

le pelage [pəlaʒ]
Nomen das Fell. Le **pelage** de Pipo est doux.

peler [pəle]
Verb schälen.
Ali **pèle** une banane.

la pelle [pɛl]
Nomen
die Schaufel.

la peluche [p(ə)lyʃ]
Nomen **les animaux en peluche** die Stofftiere. Annie a beaucoup d'**animaux en peluche**.

pencher [pɑ̃ʃe]
Verb **1.** schief sein. **2. se pencher** sich beugen. Jean **se penche** au-dessus du mur pour voir où est tombée sa balle.

pendant [pɑ̃dɑ̃, pɑ̃dɑ̃t]
I. *Präposition* während. Annie a dormi **pendant** tout le voyage.
II. *Konjunktion* **pendant que** während.

pendre [pɑ̃dʀ(ə)]
Verb
aufhängen.
Pépé a **pendu** son chapeau et sa veste avant d'aller dans le salon.

la pendule [pɑ̃dyl]
Nomen die Uhr.

penser [pɑ̃se]
Verb **1.** denken. «A quoi **penses-tu?**» demande Juliette à son frère.
2. vorhaben. La famille Martin **pense** aller en vacances à la mer cet été.

la pente [pɑ̃t]
Nomen der Hang.

perdre [pɛʀdʀ(ə)]
Verb **1.** verlieren. Juliette est triste car elle a **perdu** sa bague préférée. **2. perdre du temps** Zeit verschwenden. «Arrête de **perdre du temps** et fais tes devoirs», gronde maman.

le père [pɛʀ]
Nomen **1.** der Vater. **2. le père Noël** der Weihnachtsmann.

permettre [pɛʀmɛtʀ(ə)]
Verb **1.** erlauben. **2. se permettre** sich leisten. Nous ne pouvons pas **nous permettre** d'acheter une nouvelle voiture.

le perroquet [pɛʀɔkɛ]
Nomen der Papagei.

la perruche [peʀyʃ]
Nomen der Wellensittich. Pépé a une **perruche** du nom de Florrie.

la personne [pɛʀsɔn]
I. *Nomen* die Person. La tente de Jean est assez grande pour trois **personnes**.
II. *Pronomen* **ne ... personne** niemand. Il **n**'y a **personne** à la maison.

peser [pəze]
Verb wiegen. Le boucher a **pesé** la viande sur la balance.

petit, petite [p(ə)ti, p(ə)tit]
Adjektiv klein.

la petite-fille [p(ə)titfij]
Nomen die Enkelin.

le petit-fils [p(ə)tifis]
Nomen der Enkel.

les petits-enfants [p(ə)tizɑ̃fɑ̃]
Nomen, Maskulinum die Enkelkinder. Jean, Juliette et Annie sont les **petits-enfants** de pépé et mémé.

peu [pø]
Adverb **1.** wenig. Ali a **peu** mangé à midi. **2. peu de** wenige. **Peu d'**élèves ont raté l'examen. **3. peu à peu** nach und nach. **4. un peu** ein bißchen. Jean est **un peu** plus grand qu'Ali.

la peur [pœʀ]
Nomen **1.** die Angst. **2. avoir peur** Angst haben. Juliette **a peur** des araignées.

peut-être [pøtɛtʀ(ə)]
Adverb vielleicht. «Je ne trouve pas Minouche», dit Juliette. «Elle est **peut-être** dans le jardin», répond Jean.

la pharmacie [faʀmasi]
Nomen die Apotheke.

le pharmacien, la pharmacienne [faʀmasjɛ̃,faʀmasjɛn]
Nomen der Apotheker, die Apothekerin.

le phoque [fɔk]
Nomen der Seehund.

la photo [fɔto]
Nomen das Foto.

la phrase [fʀɑz]
Nomen der Satz. Juliette lit la **phrase** que le professeur écrit au tableau.

le piano [pjano]
Nomen das Klavier. Sylvie apprend à jouer du **piano**.

la pièce [pjɛs]
Nomen **1.** das Zimmer. **2.** das Stück. **3. la pièce de monnaie** die Münze. Papa donne quelques **pièces de monnaie** aux enfants pour leurs tickets de bus.

le pied [pje]
I. *Nomen* der Fuß.
II. *Adverb* **à pied** zu Fuß.

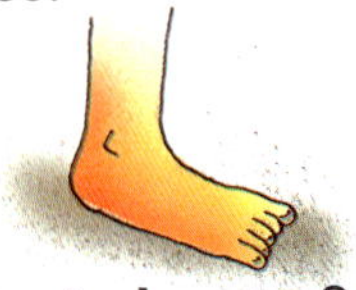

la pierre [pjɛʀ]
Nomen der Stein.

le piéton, la piétonne [pjetɔ̃, pjetɔn]
Nomen der Fußgänger, die Fußgängerin. Il y a beaucoup de **piétons** sur le trottoir.

le pigeon [piʒɔ̃]
Nomen die Taube.

la pile [pil]
Nomen die Batterie.

le pilote [pilɔt]
Nomen der Pilot, die Pilotin.

la pince [pɛ̃s]
Nomen **1.** die Zange. **2. la pince à linge** die Wäscheklammer.

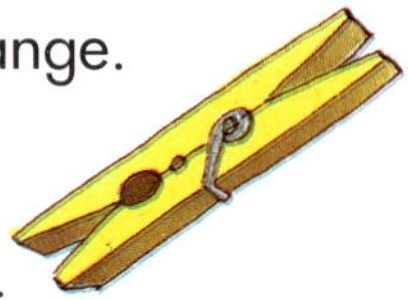

le pinceau [pɛ̃so]
Nomen der Pinsel.

le pingouin [pɛ̃gwɛ̃]
Nomen der Pinguin.

la pipe [pip]
Nomen die Pfeife. Pépé fume la **pipe**.

le pique-nique [piknik]
Nomen **1.** das Picknick. **2. faire un pique-nique** picknicken.

piquer [pike]
Verb stechen. Annie pleure parce qu'une abeille l'a **piquée**.

la piqûre [pikyʀ]
Nomen **1.** der Stich. **2.** die Spritze.

le pirate [piʀat]
Nomen der Pirat.

pire [piʀ]
Adjektiv, siehe **mauvais**
1. schlimmer. **2. le, la pire** der, die, das schlimmste.

la piscine [pisin]
Nomen das Schwimmbad.

le pistolet [pistɔlɛ]
Nomen die Pistole.

la pizza [pidza]
Nomen die Pizza. Maman fait très bien la **pizza**.

le placard [plakaʀ]
Nomen der Schrank.

la place [plas]
Nomen **1.** der Platz. Il y a une grande **place** devant la mairie. **2.** der Sitzplatz. Jean et Ali ont obtenu de très bonnes **places** pour voir le match de football. **3.** genügend Platz. «Y-a-t-il de la **place** pour mon skateboard dans la valise?» demande Jean. **4. à ta place** an deiner Stelle. «Ali, **à ta place**, j'achèterais un autre ordinateur», dit Jean.

le plafond [plafɔ̃]
Nomen die Decke. Si Annie grimpe sur les épaules de papa, elle peut toucher le **plafond**.

la plage [plaʒ]
Nomen der Strand. Les enfants aiment jouer sur la **plage**.

plaire [plɛʀ]
Verb gefallen.

la plaisanterie [plɛzɑ̃tʀi]
Nomen **1.** der Spaß. **2. faire une plaisanterie** einen Spaß machen.

le plaisir [pleziʀ]
Nomen **1.** das Vergnügen. **2.** die Freude. **3. prendre plaisir à** Spaß haben an.

le plan [plɑ̃]
Nomen der Plan. Papa et maman font déjà des **plans** pour les vacances.

la planche [plɑ̃ʃ]
Nomen das Brett.

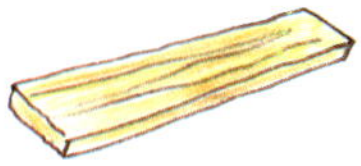

le plancher [plɑ̃ʃe]
Nomen der Fußboden.

la plante [plɑ̃t]
Nomen die Pflanze.

planter [plɑ̃te]
Verb pflanzen. Pépé **plante** des roses dans le jardin.

le plastique [plastik]
Nomen das Plastik. Les Martin utilisent toujours des couteaux et des fourchettes en **plastique** pour leurs pique-niques.

le plat [pla]
Nomen das Gericht.

plat, plate [pla, plat]
Adjektiv **1.** flach. La Belgique est un pays très **plat**. **2. à plat** platt. Une roue du vélo de Jean est **à plat**.

plein, pleine [plɛ̃, plɛn]
Adjektiv voll. Le bus était si **plein** que mémé n'a pas pu trouver de place assise.

pleurer [plœʀe]
Verb weinen. Annie **pleure** car elle est tombée et s'est cognée la tête.

pleuvoir [pløvwaʀ]
Verb regnen. Jean ne peut pas jouer au football avec Ali car il **pleut**.

plier [plije]
Verb **1.** biegen. **2.** zusammenfalten. Maman **plie** la lettre et la met dans une enveloppe.

la pluie [plɥi]
Nomen der Regen.

la plume [plym]
Nomen die Feder.

plus [ply]
Adverb **1.** mehr. Ali veut un peu **plus** de glace. **2. plus vite** schneller. **3. le plus** am meisten. C'est mémé qui s'occupe **le plus** du jardin. **4. de plus** außerdem. **5. en plus** dazu.

plusieurs [plyzjœʀ]
I. *Adjektiv* mehrere. Jean a déjà raté le bus **plusieurs** fois ce mois.
II. *Pronomen* einige. **Plusieurs** des amies de Juliette viennent à la fête.

plutôt [plyto]
Adverb lieber. «Quelle robe veux-tu, Juliette - **plutôt** la bleue ou **plutôt** la rouge?» demande maman.

le pneu [pnø]
Nomen der Reifen. Avant de partir en voyage, papa vérifie les quatre **pneus** de la voiture.

la poche [pɔʃ]
Nomen die Tasche. Ce jeans a cinq **poches**.

le poème [pɔɛm]
Nomen das Gedicht. Juliette doit apprendre des **poèmes** à l'école.

le poids [pwa]
Nomen das Gewicht.

la poignée [pwaɲe]
Nomen **1.** die Handvoll. **2.** der Griff. Quand pépé a essayé de soulever la valise, la **poignée** s'est cassée.
3. die Klinke. La **poignée** de la porte est trop haute pour Annie.

le poignet [pwaɲɛ]
Nomen das Handgelenk.

le poil [pwal]
Nomen **1.** das Tierhaar.
2. das Körper- und Barthaar.

le point [pwɛ̃]
Nomen der Punkt.

la pointure [pwɛ̃tyʀ]
Nomen die Schuhgröße. Jean porte des chaussures de **pointure** 36.

la poire [pwaʀ]
Nomen die Birne. Jean aide pépé à cueillir des **poires** dans le jardin.

le pois [pwa]
Nomen die Erbse.

le poisson [pwasɔ̃]
Nomen
1. der Fisch.
Jean a pêché cinq **poissons**.
2. le poisson rouge der Goldfisch

le poivre [pwavʀ(ə)]
Nomen der Pfeffer.

le poivron [pwavʀɔ̃]
Nomen
die Paprika.
Au marché il y a des poivrons rouges, jaunes et verts.

poli, polie [pɔli]
Adjektiv höflich. Il est **poli** de dire «merci» et «s'il vous plaît».

la police [pɔlis]
Nomen die Polizei. «Vite, appelez la **police**!» crie papa quand il voit que des cambrioleurs ont volé la télé.

la pomme [pɔm]
Nomen
1. der Apfel.
2. la pomme de terre die Kartoffel.

le pompier [pɔ̃pje]
Nomen der Feuerwehrmann.

le poney [pɔnɛ]
Nomen
das Pony.

le pont [pɔ̃]
Nomen die Brücke. Du haut du petit **pont**, Jean et Ali ont jeté des bouts de bois dans la rivière.

le porc [pɔʀ]
Nomen **1.** das Schwein. **2.** das Schweinefleisch.

le port [pɔʀ]
Nomen
der Hafen.

la porte [pɔʀt(ə)]
Nomen **1.** die Tür.
2. das Tor.
Quelqu'un a oublié de fermer la **porte** du jardin et Pipo s'est sauvé.

le portefeuille [pɔ̃ʀtəfœj]
Nomen die Brieftasche.

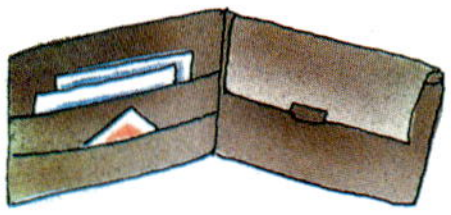

porter [pɔʀte]
Verb **1.** tragen. Juliette aide maman à **porter** les courses à la maison.
2. anhaben. Mémé **porte** une robe rouge avec de petites fleurs.

portugais, portugaise [pɔʀtygɛ, pɔʀtygɛz]
I. *Adjektiv* portugiesisch.
II. *Nomen* **1. le Portugais, la Portugaise** der Portugiese, die Portugiesin. **2. le portugais** das Portugiesische.

le Portugal [pɔʀtygal]
Nomen
Portugal.

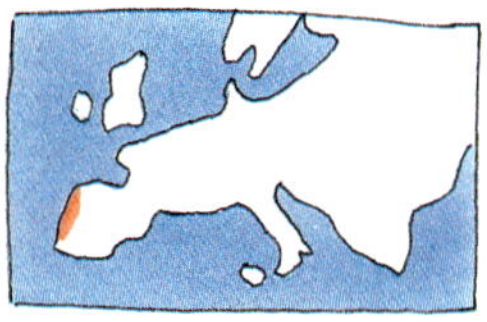

poser [poze]
Verb
1. legen.
2. stellen.
Papa **pose** l'échelle contre l'arbre.

posséder [pɔsede]
Verb besitzen. Jean **possède** un mountain-bike rouge et maintenant Ali en veut aussi un.

possible [pɔsibl(ə)]
Adjektiv möglich. «Quand veux-tu aller au zoo?» demande pépé. «Demain, si c'est **possible**», répond Jean.

la poste [pɔst(ə)]
Nomen **1.** die Post. Tante Sarah a envoyé un cadeau d'anniversaire à Juliette par la **poste**. **2.** das Postamt.

le poste de police [pɔst(ə)d(ə)pɔlis]
Nomen die Polizeiwache. Les voleurs ont été arrêtés et emmenés au **poste de police**.

le poster [pɔste]
Nomen das Poster.

le pot [po]
Nomen
der Topf.

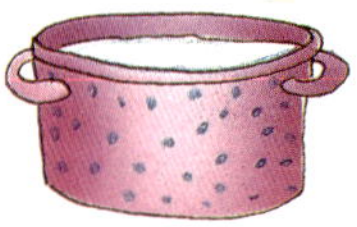

le poteau [pɔto]
Nomen der Pfosten.

la poubelle [pubɛl]
Nomen der Abfalleimer.
Papa jette sa montre cassée dans la **poubelle**.

le pouce [pus]
Nomen
der Daumen.

la poudre [pudʀ(ə)]
Nomen **1.** das Pulver. **2.** der Puder.

le poulain, la pouliche [pulɛ̃, puliʃ]
Nomen
das Fohlen.

la poule [pul]
Nomen
das Huhn.

Les **poules** courent autour de la ferme.

le poulet [pulɛ]
Nomen das Hähnchen. Le **poulet** est un des plats favoris d'Ali.

la poupée [pupe]
Nomen die Puppe. Annie pleure car elle a perdu sa **poupée.**

pour [puʀ]
Präposition **1.** für. Le facteur apporte une lettre **pour** Juliette. **2.** zu. Jean a reçu un nouveau cerf-volant **pour** son anniversaire. **3.** für. Papa part à Paris **pour** cinq jours.

pourquoi [puʀkwa]
Konjunktion warum. «**Pourquoi** la lune change-t-elle de forme?» demande Jean à pépé.

pourtant [puʀtɑ̃]
Konjunktion trotzdem. «C'est étrange», dit Juliette, «Ali mange toujours et **pourtant** il a toujours faim!».

pousser [puse]
Verb **1.** stoßen. **2.** schieben. Comme la roue avant de son vélo était à plat, Jean devait le **pousser**. **3.** wachsen. Dans le jardin de pépé, les choux **poussent** à coté des carottes.

la poussière [pusjɛʀ]
Nomen der Staub. La cave est pleine de **poussière**.

le poussin [pusɛ̃]
Nomen
das Küken.

pouvoir [puvwaʀ]
Verb **1.** können. «Tu peux m'aider à cueillir les fraises», dit pépé à Jean. **2.** dürfen. «On **peut** aller dans le parc après le déjeuner, maman?» demande Juliette.

pratiquer [pʀatike]
Verb **1.** ausüben.**2.** treiben (Sport).

la précaution [pʀekosjɔ̃]
Nomen die Vorsicht.

précédent, précédente [pʀesedɑ̃, pʀesedɑ̃t]
Adjektiv vorig.

précieux, précieuse [pʀesjø, pʀesjøz]
Adjektiv wertvoll.

préféré, préférée [pʀefeʀe]
Adjektiv Lieblings-.

préférer [pʀefeʀe]
Verb lieber mögen. Ali **préfère** le chocolat aux bananes.

premier, première [pʀʀmje, pʀəmjɛʀ]
Adjektiv erster, erste, erstes. La **première** fois que Jean a fait du vélo, il est tombé plusieurs fois.

prendre [pʀɑ̃dʀ(ə)]
Verb **1.** nehmen. Jean a **pris** son vélo pour aller chez Ali. **2. prendre une photo** ein Foto machen.
3. prendre soin de aufpassen auf.
4. prendre le déjeuner zu Mittag essen.

préparer [pʀepaʀe]
Verb vorbereiten. Maman **prépare** le repas de midi.

près [pʀɛ]
I. *Adverb* **1.** nah. «C'est encore loin, la mer?» demande Jean. «Non, c'est tout **près**», répond maman.
2. à peu près ungefähr.
II. *Präposition* **près de** in der Nähe von. Mémé se tient **près de** la fenêtre.

présent, présente [pʀezɑ̃, pʀezɑ̃t]
I. *Adjektiv* anwesend. Tous les élèves sont **présents** ce matin.
II. *Adverb* **à présent** zur Zeit.

présenter [pʀezɑ̃te]
Verb vorstellen.

le président, la présidente [pʀezidɑ̃, pʀezidɑ̃t]
Nomen der Präsident, die Präsidentin.

presque [pʀɛsk(ə)]
Adverb fast. Sylvie a **presque** la même robe que Juliette.

presser [pʀese]
Verb **1.** drücken. Jean **presse** sur le bouton et attend que l'ascenseur arrive. **2. se presser** sich beeilen. Jean devra **se presser** s'il ne veut pas rater le bus.

prêt, prête [pʀɛ, pʀɛt]
Adjektiv fertig. Le petit déjeuner est **prêt**.

prêter [pʀete]
Verb leihen. Juliette a **prêté** son nouveau magazine à Sylvie.

le prêtre [pʀɛtʀ(ə)]
Nomen der Priester.

prier [pʀije]
Verb **1.** beten. **2.** bitten. «Tous les passagers sont **priés** de s'asseoir.»

la prière [pʀijɛʀ]
Nomen das Gebet. Les enfants font une **prière** avant de se coucher.

le prince, la princesse [pʀɛ̃s, pʀɛ̃sɛs]
Nomen der Prinz, die Prinzessin.

le printemps [pʀɛtɑ]
Nomen der Frühling. Les feuilles et les fleurs commencent à pousser au **printemps**.

la prison [pʀizɔ̃]
Nomen das Gefängnis. Le voleur a été mis en **prison**.

privé, privée [pʀive]
Adjektiv privat.

le prix [pʀi]
Nomen **1.** der Preis. «Quel est le **prix** de ces saucisses?» demande maman au boucher. **2. le premier prix** der erster Preis.

prochain, prochaine [pʀɔʃɛ̃, pʀɔʃɛn]
Adjektiv **1.** nächster, nächste, nächstes. **2. la semaine prochaine** nächste Woche.

proche [pʀɔʃ]
Adjektiv nah. Sylvie peut aller à l'école à pied, car l'école est **proche** de sa maison.

le professeur [pʀɔfɛsœʀ]
Nomen der Lehrer, die Lehrerin.

profond, profonde [pʀɔfɔ̃, pʀɔfɔ̃d]
Adjektiv tief. L'eau n'est pas très **profonde** au bord de l'étang, mais elle le devient vers le milieu.

le programme [pʀɔ̃gʀam]
Nomen das Programm. Le **programme** du concert de l'école est gratuit.

la promenade [pʀɔmnad]
Nomen der Spaziergang.

promener [pʀɔmne]
Verb **1.** spazierenführen. Jean **promène** Pipo. **2. se promener** spazierengehen. Maman est partie **se promener** avec Annie ce matin.

promettre [pʀɔmɛtʀ(ə)]
Verb versprechen. Mémé a **promis** d'emmener les enfants au cirque.

proposer [pʀɔpoze]
Verb vorschlagen.

propre [pʀɔpʀ(ə)]
Adjektiv **1.** sauber. La voiture est très **propre**. Papa l'a lavée. **2.** eigen. Juliette a sa **propre** chambre.

protéger [pʀɔteʒe]
Verb **1.** schützen. Quand il travaille dans le jardin, pépé met des gants pour **protéger** ses mains.
2. beschützen. Beaucoup de gens ont des chiens pour **protéger** leurs maisons des cambrioleurs.

prudent, prudente [pʀydɑ̃, pʀydɑ̃t]
Adjektiv vorsichtig. «Soyez **prudents** si vous grimpez aux arbres», conseille papa à Jean et à Ali.

la prune [pʀyn]
Nomen die Pflaume.

le public [pyblik]
Nomen **1.** das Publikum. Un large **public** a vu le match de foot hier soir. **2.** die Zuschauer.

la publicité [pyblisite]
Nomen die Werbung. Regardez-vous la **publicité** à la télé?

puis [pɥi]
Adverb dann.

le pull-over, le pull [pulɔvœʀ, pul]
Nomen der Pullover. Jean a mis son **pull-over** car il fait froid.

punir [pyniʀ]
Verb bestrafen. Maman a **puni** Pipo, car il a mangé les saucisses qui étaient posées sur la table.

le pupitre [pypitʀ(ə)]
Nomen **1.** das Pult. Les élèves sont assis derrière leurs **pupitres.**
2. der Notenständer.

le puzzle [pœzl(ə)]

Nomen das Puzzle. Mémé ne peut pas finir son **puzzle**, car elle a perdu une pièce.

le pyjama [piʒama]

Nomen der Schlafanzug.

la pyramide [piʀamid]
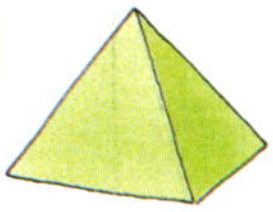
Nomen die Pyramide.

Q

le quai [ke]
Nomen der Bahnsteig. Le train pour Paris part du **quai** numéro 2.

quand [kɑ̃]
I. *Adverb* **1.** wann. «**Quand** oncle Fernand arrivera-t-il?» demande Juliette.

2. quand même trotzdem. Il pleut, mais Jean est **quand même** sorti promener Pipo.
II. *Konjunktion* **1.** als. Papa aussi était scout **quand** il était jeune.
2. wenn. Jean est autorisé à sortir **quand** il a fini ses devoirs.

quarante [kaʀɑ̃t]
Adjektiv vierzig.

le quart [kaʀ]
Nomen das Viertel. «Quelle heure est-il?» demande Jean. - «Il est trois heures et **quart.**»

le quartier [kaʀtje]
Nomen der Stadtteil. Jean et Ali habitent dans le même **quartier.**

quatorze [katɔʀz(ə)]
Adjektiv vierzehn.

quatre [katʀ(ə)]
Adjektiv vier.

quatre-vingt-dix [katʀəvɛ̃dis]
Adjektiv neunzig.

quatre-vingts [katʀəvɛ̃]
Adjektiv achtzig.

que [k(ə)]
I. *Pronomen* **1.** was. «**Que** regardes-tu à la télé, Jean?» demande Juliette. **2. qu'est-ce que** was. «**Qu'est-ce que** c'est?» **3.** den, die, das. Le T-shirt **que** porte Jean est rouge.
II. *Konjunktion* **1.** daß. Juliette a dit **que** pour son anniversaire, elle voulait organiser une fête. **2.** wie. Juliette est aussi grande **que** Sylvie. **3.** als. Juliette est plus grande **que** Jean.

quel, quelle, quels, quelles [kɛl]
Adjektiv welcher, welche, welches. «**Quel** livre veux-tu?» demande mémé.

quelque [kɛlk(ə)]
I. *Adjektiv* irgendein.
II. *Adverb* ungefähr.

quelques [kɛlk(ə)]
Adjektiv ein paar. Il y avait beaucoup de monde à la fête, mais Juliette ne connaisait que **quelques** personnes.

quelque chose [kɛlkəʃoz]
etwas. **«Quelque chose** est tombé de l'étagère. Mais quoi?» demande Jean.

quelquefois [kɛlkəfwa]
Adverb manchmal. Ali vient **quelquefois** déjeuner chez Jean.

quelque part [kɛlkəpaʀ]
Adverb irgendwo. «Où est mon ballon?» demande Annie. «Il est **quelque part** dans le jardin», répond maman.

quelqu'un [kɛlkœ̃]
Pronomen jemand. **Quelqu'un** frappe à la porte.

la question [kɛstjɔ̃]
Nomen **1.** die Frage. «Levez la main si vous connaissez la réponse à ma **question**», dit le professeur. **2. poser une question** eine Frage stellen.

la queue [kø]
Nomen
1. der Schwanz.
2. faire la queue
Schlange stehen. Maman a dû **faire la queue** chez le boucher avant d'être servie.

qui [ki]
Pronomen **1.** wer. «**Qui** est cette dame?» demande mémé. **2.** der, die, das. Madame Dupont est la voisine **qui** a arrosé les plantes pendant que les Martin étaient en vacances.

quinze [kɛ̃z]
Adjektiv fünfzehn.

quitter [kite]
Verb verlassen. Les enfants ont **quitté** la plage au coucher du soleil.

quoi [kwa]
Pronomen was.

R

la racine [ʀasin]
Nomen
die Wurzel.

raconter [ʀakɔ̃te]
Verb erzählen.

la radio [ʀadjo]
Nomen das Radio.
Mémé aime beaucoup écouter la **radio**.

raide [ʀɛd]
Adjektiv **1.** steif. **2.** steil. Jean pousse son vélo jusqu'au sommet d'une colline dont la pente est **raide**.

le raisin [ʀɛzɛ̃]
Nomen
1. die Weintraube.
2. le raisin sec die Rosine.

la raison [ʀɛzɔ̃]
Nomen **1.** der Grund. **2. donner raison à quelqu'un** jemandem recht geben.

ramer [ʀame]
Verb
rudern.

ramper [ʀɑ̃pe]
Verb kriechen. Pipo regardait la coccinelle **ramper** dans l'herbe.

le rang [ʀɑ̃]
Nomen die Reihe. Papa et maman étaient assis au premier **rang** pendant la pièce de théâtre de l'école.

rangé, rangée [ʀɑ̃ʒe]
Adjektiv **1.** ordentlich. **2. bien rangé** aufgeräumt. «Si seulement la chambre de Jean était aussi **bien rangée** que celle de Juliette», soupire maman. **3. mal rangé** unordentlich.

ranger [ʀɑ̃ʒe]
Verb aufräumen. Maman a demandé à Jean de **ranger** sa chambre qui était vraiment en désordre.

rapide [ʀapid]
Adjektiv schnell.

rappeler [ʀaple]
Verb **1.** erinnern. Maman a **rappelé** au moins cinq fois à Jean qu'il devait faire ses devoirs. **2.** zurückrufen.

rapporter [ʀapɔʀte]
Verb zurückbringen.

la raquette [ʀakɛt]
Nomen der Schläger. Maman a une **raquette** neuve.

rarement [ʀaʀmɑ̃]
Adverb selten. Juliette oublie **rarement** de faire ses devoirs.

raser [ʀɑze]
Verb rasieren. Papa doit se **raser** tous les matins.

le rasoir [ʀɑzwaʀ]
Nomen der Rasierapparat.

le rat [ʀa]
Nomen die Ratte.

rater [ʀate]
Verb **1.** verpassen. Jean a **raté** le bus, car il s'est levé trop tard ce matin. **2.** durchfallen. Certains élèves ont **raté** leur examen, mais Jean espère avoir réussi.

la rayure [ʀejyʀ]
Nomen der Streifen. Ali porte un T-shirt avec des **rayures** bleues et rouges.

recevoir [ʀəsvwaʀ]
Verb bekommen. Jean a **reçu** un vélo pour Noël.

réclamer [ʀeklame]
Verb verlangen.

la récolte [ʀekɔlt(ə)]
Nomen die Ernte.

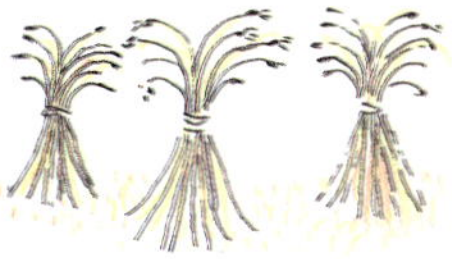

recommander [r(ə)kɔmɑ̃de]
Verb empfehlen.

la récompense [ʀekɔ̃pɑ̃s]
Nomen die Belohnung. Pépé donne une barre de chocolat en **récompense** à Jean parce qu'il a eu une bonne note à l'école.

le record [R(ə)kɔR]
Nomen der Rekord.

le rectangle [Rɛktɑ̃gl(ə)]
Nomen das Rechteck.

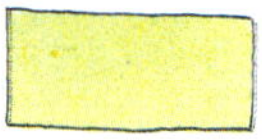

la rédaction [Redaksjɔ̃]
Nomen der Aufsatz.

réel, réelle [Reɛl]
Adjektiv wirklich.

réfléchir [Refleʃir]
Verb überlegen. «**Réfléchissez** avant de répondre à cette question», recommande le professeur.

le réfrigérateur [RefRiʒeRatœR]
Nomen der Kühlschrank. Maman place le lait dans le **réfrigérateur**.

refroidir [R(ə)fRwadiR]
Verb kälter werden.

refuser [R(ə)fyze]
Verb **1.** ablehnen. **2.** sich weigern. Jean **refuse** de faire des courses avec maman, car il veut regarder la télé.

regarder [R(ə)gaRde]
Verb **1.** schauen. **2.** anschauen. Annie **regarde** son livre d'images. **3. regarder la télévision** fernsehen.

la région [Reʒjɔ̃]
Nomen die Gegend. La **région** où vivent les Martin est calme.

la règle [Rɛgl(ə)]
Nomen **1.** die Regel. La **règle** de l'école interdit de courir dans les couloirs.
2. das Lineal.

regretter [R(ə)gRete]
Verb **1.** bedauern. Papa **regrette** d'avoir oublié de fermer la porte du jardin, car Pipo s'est échappé.
2. vermissen. Pépé **regrette** le temps où il allait encore se promener en montagne.

la reine [Rɛn]
Nomen die Königin.

relever [Rəl(ə)ve]
Verb **1.** aufheben. **2. se relever** aufstehen.

la religion [R(ə)liʒjɔ̃]
Nomen die Religion.

remarquer [R(ə)maRke]
Verb bemerken. Le professeur de maths a **remarqué** que Jean dormait pendant la leçon.

remercier [R(ə)mɛRsje]
Verb sich bedanken. Jean a **remercié** Ali de l'avoir aidé à faire ses devoirs.

remplir [Rɑ̃pliR]
Verb füllen. Ali **remplit** la bouteille avec de l'eau.

le renard [R(ə)naR]
Nomen der Fuchs. Le **renard** rampe lentement vers les poules.

rencontrer [Rɑ̃kɔ̃tRe]
Verb **1.** treffen. **2. se rencontrer** sich treffen. Jean et Ali ont décidé de **se rencontrer** devant le cinéma.

le rendez-vous [ʀɑ̃devu]
Nomen die Verabredung. Sylvie a **rendez-vous** avec Jean.

rendre [ʀɑ̃dʀ(ə)]
Verb **1.** zurückgeben. **2.** machen. Le chien des voisins a de courtes pattes, ce qui le **rend** un peu laid. **3. se rendre à** gehen zu. Les Martin **se rendent au** concert ce soir.

rentrer [ʀɑ̃tʀe]
Verb **1.** hineingehen. **2.** hineinfahren. **3.** nach Hause kommen. Papa est **rentré** tard du travail.

renverser [ʀɑ̃vɛʀse]
Verb **1.** umwerfen. **2.** verschütten. La serveuse a **renversé** de la soupe sur le pantalon de papa.

réparer [ʀepaʀe]
Verb reparieren. «Papa, peux-tu **réparer** ça?» demande Juliette en lui donnant son magnétophone.

le repas [ʀ(ə)pa]
Nomen das Essen. Jean et Juliette emportent souvent des sandwichs, car le **repas** n'est pas très bon à l'école.

repasser [ʀ(ə)pase]
Verb **1.** wieder vorbeikommen. **2.** bügeln. Maman déteste **repasser** le linge.

répéter [ʀepete]
Verb **1.** wiederholen. Le professeur demande à Juliette de **répéter** la réponse. **2.** üben. Juliette doit **répéter** ses morceaux de musique tous les jours.

répondre [ʀepɔ̃dʀ(ə)]
Verb antworten. Quand on lui a demandé s'il avait cassé l'assiette, Jean n'a pas **répondu**.

la réponse [ʀepɔ̃s]
Nomen die Antwort. Juliette écrit la **réponse** à la question dans son cahier d'exercices.

le repos [ʀ(ə)po]
Nomen **1.** die Rast. **2.** die Ruhe.

reposer [ʀ(ə)poze]
Verb **se reposer** sich ausruhen. Mémé **se repose** toujours après le déjeuner.

le requin [ʀ(ə)kɛ̃]
Nomen der Hai.

le respect [ʀɛspɛ]
Nomen der Respekt.

la respiration [ʀɛspiʀasjɔ̃]
Nomen das Atmen.

respirer [ʀɛspiʀe]
Verb **1.** atmen. «Il fait trop chaud ici, je ne peux pas **respirer**», dit mémé. **2.** einatmen.

le restaurant [ʀɛstɔʀɑ̃]
Nomen das Restaurant.

rester [ʀɛste]
Verb **1.** bleiben. «Veux-tu **rester** pour déjeuner?» demande maman à Ali. **2.** übrig sein.

le résultat [ʀezylta]
Nomen das Ergebnis. Juliette a obtenu un bon **résultat** à l'examen de maths.

le retard [ʀ(ə)taʀ]
Nomen **1.** die Verspätung.
2. être en retard zu spät kommen.
3. avoir du retard Verspätung haben. L'avion d'oncle Fernand **a** dix minutes de **retard**.

le retour [ʀ(ə)tuʀ]
Nomen **1.** die Rückkehr.
2. die Rückfahrt.

retourner [ʀ(ə)tuʀne]
Verb **1.** umdrehen. **2.** wieder gehen. Pépé et mémé **retournent** en vacances à la montagne cette année.

le rêve [ʀɛv]
Nomen der Traum.

le réveil [ʀevɛj]
Nomen
der Wecker.

réveiller [ʀeveje]
Verb **1.** wecken. «S'il te plaît, peux-tu **réveiller** Jean, sinon il va arriver en retard à l'école», dit maman à Juliette. **2. se réveiller** aufwachen. Jean **s'est réveillé** très tard ce matin et a presque raté le bus.

revenir [ʀəvniʀ]
Verb zurückkommen. Mémé et pépé vont **revenir** de vacances demain.

rêver [ʀeve]
Verb
träumen.
Juliette **rêve** qu'elle monte le plus beau cheval du monde.

revoir [ʀ(ə)vwaʀ]
I. *Verb* wiedersehen.
II. *Nomen* **au revoir** auf Wiedersehen. «**Au revoir**! Et à bientôt!» dit maman à tante Sarah.

le rhinocéros [ʀinɔseʀɔs]
Nomen
das Nashorn.

le rhume [ʀym]
Nomen der Schnupfen. Papa a un **rhume** terrible.

riche [ʀiʃ]
Adjektiv reich.

le rideau [ʀido]
Nomen der Vorhang. Le soir maman tire les **rideaux**.

rien [ʀjɛ̃]
Adverb **1.** nichts. Ali a tout mangé, il ne reste **rien** dans le réfrigérateur!
2. ça ne fait rien das macht nichts.

la rime [ʀim]
Nomen der Reim.

rire [ʀiʀ]
Verb lachen. Jean **rit** parce que Pipo essaie de se mordre la queue.

la rivière [ʀivjɛʀ]
Nomen der Fluß.

le riz [ʀi]
Nomen
der Reis.

la robe [ʀɔb]
Nomen
das Kleid.
Maman a acheté de belles **robes** en ville.

le robinet [ʀɔbinɛ]
Nomen der Wasserhahn.

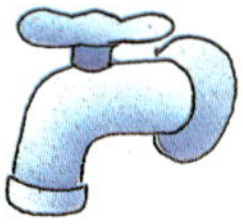

le robot [ʀɔbo]
Nomen der Roboter.

le rocher [ʀɔʃe]
Nomen der Felsen.

le roi [ʀwa]
Nomen der König.

rond, ronde [ʀɔ̃,ʀɔ̃d]
Adjektiv rund. Minouche dort dans un panier **rond**.

ronfler [ʀɔ̃fle]
Verb schnarchen. Parfois, papa **ronfle** si fort qu'il réveille tout le monde.

rose [ʀoz]
I. *Adjektiv* rosa.
II. *Nomen* **la rose** die Rose.

la rosette [ʀozɛt]
Nomen die Schleife.

le rôti [ʀoti]
Nomen der Braten.

rôtir [ʀotiʀ]
Verb braten. Maman **rôtit** un morceau de boeuf pour le déjeuner.

la roue [ʀu]
Nomen das Rad. Un vélo a deux **roues**.

rouge [ʀuʒ]
Adjektiv rot.

rouler [ʀule]
Verb **1.** fahren. **2.** rollen. La balle **roule** en direction de Pipo.

la route [ʀut]
Nomen die Straße. «Il y avait beaucoup de circulation sur la **route** ce soir», dit papa, qui arrive tard de son travail

la rue [ʀy]
Nomen **1.** die Straße. Les enfants ne doivent pas jouer au milieu de la **rue**. **2.** die Gasse.

le rugby [ʀygbi]
Nomen das Rugby. Jean n'aime pas jouer au **rugby**, car c'est un sport assez dur.

le ruisseau [ʀɥiso]
Nomen der Bach.

russe [ʀys]
I. *Adjektiv* russisch.
II. *Nomen* **1. le Russe, la Russe** der Russe, die Russin. **2. le russe** das Russische.

la Russie [ʀysi]
Nomen Rußland.

S

sa [sa]
siehe **son**.

le sable [sɑbl(ə)]
Nomen der Sand.

le sabot du cheval
[sabodyʃ(ə)val]
Nomen
der Huf.

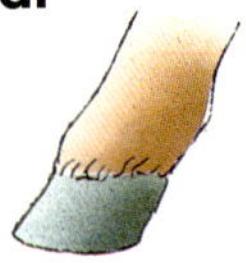

le sac [sak]
Nomen **1.** der Sack. **2.** die Handtasche. Maman met les clés dans son **sac** à main.
3. le sac de couchage der Schlafsack.

le sachet [saʃɛ]
Nomen die Tüte. Juliette met les raisins dans un **sachet**.

saigner [seɲe]
Verb bluten.
Le doigt de papa **saigne**, car il s'est coupé en essayant de réparer le vélo de Jean.

la saison [sɛzɔ̃]
Nomen die Jahreszeit. L'été est la **saison** la plus chaude de l'année.

la salade [salad]
Nomen der Salat.

sale [sal]
Adjektiv schmutzig.
Les habits d'Annie sont très **sales**.

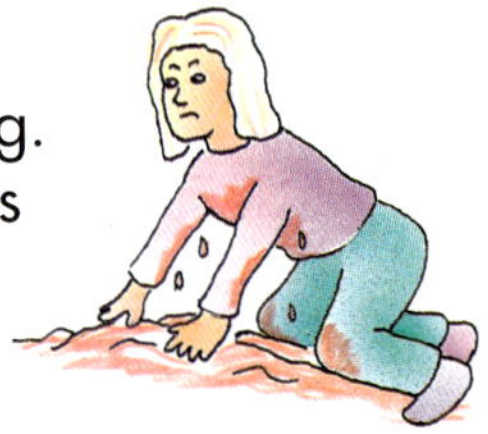

la salle [sal]
Nomen **1.** der Saal. **2. la salle à manger** das Eßzimmer. La famille déjeune dans la **salle à manger**. **3. la salle de bain** das Badezimmer. Maman se lave les cheveux dans **la salle de bain**. **4. la salle de classe** das Klassenzimmer.

le salon [salɔ̃]
Nomen das Wohnzimmer.

salut [saly]
Interjektion **1.** hallo. «**Salut** Juliette», dit Ali. «Comment vas-tu?»
2. tschüs. «**Salut**», dit Ali, «je te vois demain!».

le samedi [samdi]
Nomen der Samstag.

la sandale [sɑ̃dal]
Nomen
die Sandale.

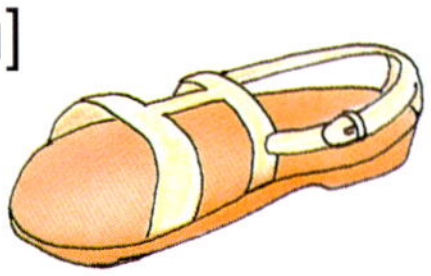

le sandwich [sɑ̃dwitʃ]
Nomen das belegte Brötchen. Ali mange toujours au moins cinq **sandwichs** à midi!

le sang [sɑ̃]
Nomen das Blut. Papa s'est coupé le doigt et son **sang** coule sur le tapis.

sans [sɑ̃]
Präposition ohne. Jean est allé à l'école **sans** faire ses devoirs.

la santé [sɑ̃te]
Nomen **1.** die Gesundheit. **2. en bonne santé** gesund. Pépé reste **en bonne santé** parce qu'il mange beaucoup de fruits et de légumes frais.

le sapin [sapɛ̃]
Nomen **1.** die Tanne. **2. le sapin de Noël** der Weihnachtsbaum.

la sauce [sos]
Nomen die Soße. «Veux-tu de la **sauce** tomate avec tes spaghetti?» demande maman à Jean.

la saucisse [sosis]
Nomen die Wurst. Pipo essaie d'attraper les **saucisses** qui se trouvent sur la table.

sauter [sote]
Verb **1.** springen. Minouche **saute** de l'arbre sur le mur. **2.** hüpfen. Annie adore **sauter** sur son lit.

la sauterelle [sotʀɛl]
Nomen die Heuschrecke. Jean a ouvert la petite boîte et a laissé s'échapper la **sauterelle** dans la salle de classe.

sautiller [sotije]
Verb hüpfen. Annie **sautille** sur une jambe le long du trottoir.

sauvage [sovaʒ]
Adjektiv wild. Généralement, les animaux **sauvages** ont peur des gens.

sauver [sove]
Verb **1.** retten. Juliette a **sauvé** le garçon qui était tombé dans l'eau. **2. se sauver** weglaufen. Quelqu'un a oublié de fermer la porte du jardin et maintenant Pipo **s'est sauvé**.

le savant, la savante [savɑ̃, savɑ̃t]
Nomen der Wissenschaftler, die Wissenschaftlerin.

savoir [savwaʀ]
Verb **1.** wissen. «**Sais**-tu à quelle heure commence le concert?» demande Sylvie. **2.** können. Jean **sait** nager.

le savon [savɔ̃]
Nomen die Seife.

la scie [si]
Nomen die Säge.

scier [sje]
Verb sägen. Jean s'est coupé le doigt en aidant papa à **scier** du bois.

le scooter [skutœʀ]
Nomen der Motorroller.

le scout [skut]
Nomen der Pfadfinder.

le seau [so]
Nomen der Eimer.

sec, sèche [sɛk, sɛʃ]
Adjektiv trocken. Pépé arrose le jardin, car le sol est très **sec**.

sécher [seʃe]
Verb trocknen. Maman accroche le linge dans le jardin pour qu'il **sèche** plus vite.

second, seconde [s(ə)gɔ̃, s(ə)gɔ̃d]
Adjektiv zweiter, zweite, zweites. Jean a raté le bus pour la **seconde** fois cette semaine.

la seconde [s(ə)gɔ̃d]
Nomen die Sekunde.

secouer [s(ə)kwe]
Verb schütteln. Jean a **secoué** la branche et trois pommes sont tombées.

le secours [səkuʀ]
Nomen **1.** die Hilfe.**2. crier au secours** um Hilfe rufen.

le secret [səkʀɛ]
Nomen das Geheimnis. Juliette veut apprendre le **secret** de Jean, mais il se tait.

seize [sɛz]
Adjektiv sechzehn.

le sel [sɛl]
Nomen
das Salz.

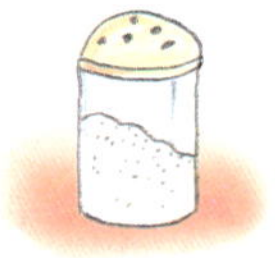

la selle [sɛl]
Nomen
der Sattel.

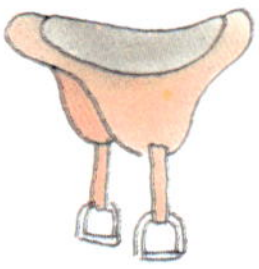

la semaine [s(ə)mɛn]
Nomen die Woche. La classe de Jean va faire du camping pendant une **semaine** au mois de juin.

semblable [sɑ̃blabl(ə)]
Adjektiv **1.** ähnlich. **2.** solcher, solche, solches.

sembler [sɑ̃ble]
Verb scheinen.

semer [s(ə)me]
Verb **1.** säen. **2. semer quelqu'un** jemanden abhängen. Les voleurs n'ont pas réussi à **semer** la police.

le sentier [sɑ̃tje]
Nomen der Pfad.

sentir [sɑ̃tiʀ]
Verb **1.** fühlen. **2.** riechen. Pipo **sent** la bonne odeur des saucisses et pense qu'elles sont pour lui. **3. se sentir** sich fühlen. Ali ne **se sent** pas bien, il a probablement trop mangé.

séparer [sepaʀe]
Verb **1.** trennen. **2. séparer en deux** halbieren.

sept [sɛt]
Adjektiv sieben.

septembre [sɛptɑ̃bʀ(ə)]
Nomen, Maskulinum September.

sérieux, sérieuse [seʀjø, seʀjøz]
Adjektiv **1.** ernst. **2. je suis sérieux** ich meine das ernst.

le serpent [sɛʀpɑ̃]
Nomen
die Schlange.

serrer [seʀe]
Verb drücken. Annie **serre** la main de maman.

la serveuse [sɛʀvøz]
Nomen die Kellnerin.

la serviette [sɛʀvjɛt]
Nomen **1.** das Handtuch.
2. die Serviette.
3. die Aktentasche.

servir [sɛʀviʀ]
Verb **1.** dienen. **2.** bedienen. La jeune fille, qui **servait** les Martin au restaurant, n'était pas très habile.
3. se servir sich bedienen.

ses [se]
siehe **son**. Jean veut inviter tous **ses** amis à sa fête d'anniversaire.

seul, seule [sœl]
Adjektiv **1.** allein. Pipo reste **seul** à la maison quand tout le monde va à l'église. **2. se sentir seul** sich einsam fühlen.

seulement [sœlmɑ̃]
Adverb **1.** nur. Il reste **seulement** trois biscuits, un pour chaque enfant. **2.** erst. Il est **seulement** quatre heures.

le shampooing [ʃɑ̃pwɛ̃]
Nomen das Shampoo.

le short [ʃɔʀt]
Nomen
die Shorts.

si [si]
I. *Konjunktion* **1.** wenn. «**Si** le temps est beau demain, nous ferons un pique-nique», propose maman. **2.** ob. «Savez-vous **si** le bus est déjà parti?» demande mémé.
II. *Adverb* **1.** doch. «Tu n'as pas encore fait tes devoirs», dit maman. «**Si**, je les ai faits depuis longtemps», répond Jean. **2.** so. «Je suis **si** fatiguée!» dit maman. «Tout ce que je veux c'est un lit pour dormir.»

le siècle [sjɛkl(ə)]
Nomen das Jahrhundert.

le siège [sjɛʒ]
Nomen **1.** der Sitz. Les enfants doivent s'asseoir sur les **sièges** arrière de la voiture. **2.** der Sessel.

le sien, la sienne, les siens, les siennes [sjɛ̃, sjɛn]
Pronomen **1.** seiner, seine, seines. «Laquelle est la mienne et laquelle est la **sienne**?» demande mémé à Juliette qui vient d'apporter deux tasses de café pour elle et pépé. **2.** ihrer, ihre, ihres. Jean fait ses devoirs et Juliette fait les **siens**.

siffler [sifle]
Verb pfeifen. Papa chante et **siffle** souvent dans son bain.

le sifflet [sifle]
Nomen
die Pfeife.

le signe [siɲ]
Nomen das Zeichen.

le silence [silɑ̃s]
Nomen **1.** die Stille. **2.** die Ruhe. «**Silence** dans la classe!» crie le professeur.

s'il te plaît [sitəplɛ]
Interjektion bitte. «Jean, puis-je avoir une glace, **s'il te plaît**?» demande Annie.

s'il vous plaît [sivuplɛ]
Interjektion **1.** ich bitte euch. **2.** ich bitte Sie. **3.** bitte. «Les enfants, puis-je avoir toute votre attention, **s'il vous plaît**?» demande le professeur.

simple [sɛ̃pl(ə)]
Adjektiv einfach. Les devoirs de Juliette étaient très **simples** à faire.

le singe [sɛ̃ʒ]
Nomen
der Affe.

sinon [sinɔ̃]
Konjunktion sonst. «Reste tranquille, **sinon** tu vas réveiller Annie», souffle maman.

six [sis]
Adjektiv sechs.

le ski [ski]
Nomen der Ski.

skier [skje]
Verb Ski laufen. Ali ne **skie** pas très bien, il tombe très souvent.

le slip [slip]
Nomen die Unterhose.

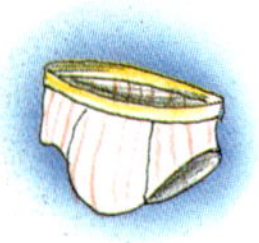

la soeur [sœʀ]
Nomen die Schwester. Juliette et Annie sont les **soeurs** de Jean.

la soif [swaf]
Nomen
1. der Durst.
2. avoir soif Durst haben. «Puis-je avoir un verre de lait, j'**ai soif**», dit Ali.

le soir [swaʀ]
Nomen **1.** der Abend. **2.** abends. Jean a fait ses devoirs **le soir. 3. ce soir** heute abend. Ali reste dîner chez les Martin **ce soir**.

la soirée [swaʀe]
Nomen
der Abend.

soixante [swasɑ̃t]
Adjektiv sechzig.

soixante-dix [swasɑ̃tdis]
Adjektiv siebzig.

le sol [sɔl]
Nomen der Boden. En automne le **sol** est couvert de feuilles.

le soldat [sɔlda]
Nomen
der Soldat.

le soleil [sɔlɛj]
Nomen
die Sonne.
Le **soleil** brille aujourd'hui.

solide [sɔlid]
Adjektiv fest.

solitaire [sɔlitɛʀ]
Adjektiv einsam.

sombre [sɔ̃bʀ(ə)]
Adjektiv dunkel. Quand il commence à faire **sombre**, maman allume la lumière.

le sommet [sɔmɛ]
Nomen **1.** der Gipfel. **2.** die Spitze.

son, sa, ses [sɔ̃, sa, se]
Pronomen **1.** sein, seine. Jean demande à **ses** parents s'il peut sortir avec **son** ami Ali. **2.** ihr, ihre. Sylvie demande à **sa** maman si elle peut aller à la fête avec **son** petit ami.

le son [sɔ̃]
Nomen
1. der Ton. **2.** der Klang.

sonner [sɔne]
Verb **1.** klingeln. Pipo aboie toujours quand le téléphone **sonne**.
2. läuten.
Les cloches de l'église sonnent le dimanche matin.

la sonnette [sɔnɛt]
Nomen die Klingel.

le sorcier, la sorcière [sɔʀsje, sɔʀsjɛʀ]
Nomen der Zauberer, die Hexe.

la sorte [sɔʀt(ə)]
Nomen **1.** die Art. «Quelle **sorte** de musique aimes-tu?» demande Juliette à Sylvie. **2.** die Sorte. Dans son jardin, pépé cultive différentes **sortes** de légumes.

la sortie [sɔʀti]
Nomen
1. der Ausgang. Le cinéma a plusieurs **sorties**.
2. die Ausfahrt.

sortir [sɔʀtiʀ]
Verb **1.** hinausgehen. **2.** ausgehen.

le souci [susi]
Nomen **1.** die Sorge. **2. se faire du souci** sich Sorgen machen. Maman **se fait du souci**, car Jean n'est pas encore rentré de l'école.

la soucoupe [sukup]
Nomen die Untertasse.

souffler [sufle]
Verb **1.** blasen. Pour jouer de la trompette, il faut **souffler** dedans.
2. wehen. Le vent **souffle** si fort qu'il emporte le chapeau de pépé.
3. schnaufen. Après deux minutes de course, Ali doit déjà **souffler**.
4. flüstern.

le souhait [swɛ]
Nomen **1.** der Wunsch. **2. avec les meilleurs souhaits** mit den besten Wünschen.

souhaiter [swete]
Verb wünschen. Tante Sarah a appelé Juliette pour lui **souhaiter** un joyeux anniversaire.

soulever [sulve]
Verb hochheben. La valise de Juliette est si lourde qu'elle ne peut pas la **soulever**.

la soupe [sup]
Nomen die Suppe.

le sourcil [suʀsi]
Nomen die Augenbraue.

sourd, sourde [suʀ, suʀd(ə)]
Adjektiv taub. Pépé commence à être un peu **sourd**.

le sourire [suʀiʀ]
Nomen das Lächeln.

sourire [suʀiʀ]
Verb lächeln. Annie est malade, mais quand Papa lui a raconté une histoire elle a quand même **souri**.

la souris [suʀi]
Nomen die Maus.

sous [su]
Präposition **1.** unter. Pipo s'est échappé en passant **sous** le grillage.
2. unterhalb. L'avion volait **sous** les nuages.

soutenir [sutniʀ]
Verb stützen.

souvenir [suvniʀ]
Verb **se souvenir** sich erinnern. Jean **se souvient** du jour où Pipo a chassé un écureuil.

souvent [suvɑ̃]
Adverb oft. Les enfants mangent **souvent** des sandwichs à midi.

les spaghettis [spageti]
Nomen, Maskulinum die Spaghetti. Jean adore les **spaghettis** à la sauce tomate.

le spectateur, la spectatrice [spɛktatœʀ, spɛktatʀis]
Nomen der Zuschauer, die Zuschauerin.

le sport [spɔʀ]
Nomen der Sport. Les élèves ont cours de **sport** le jeudi matin.

sportif, sportive [spɔʀtif, spɔʀtiv]
I. *Adjektiv* sportlich.
II. *Nomen* **le sportif, la sportive** der Sportler, die Sportlerin.

stable [stabl(ə)]
Adjektiv **1.** stabil. **2.** beständig.

le stade [stad]
Nomen **1.** das Stadion. **2.** der Sportplatz.

le stand [stɑ̃d]
Nomen der Stand. Maman achète des pommes de terre au **stand** des légumes.

la station-service [stasjɔ̃sɛʀvis]
Nomen die Tankstelle.

la statue [staty]
Nomen die Statue.

le steak [stɛk]
Nomen das Steak.

stop [stɔp]
Interjektion halt!

stupide [stypid]
Adjektiv dumm. Juliette a fait deux fautes **stupides** dans son devoir.

le stylo [stilo]
Nomen **1. le stylo à encre** der Füllfederhalter. **2. le stylo-bille** der Kugelschreiber.

la sucette [sysɛt]
Nomen **1.** der Lutscher. **2.** der Schnuller.

le sucre [sykʀ(ə)]
Nomen der Zucker.

sucré, sucrée [sykʀe]
Adjektiv süß. Ali est aussi gros parce qu'il mange beaucoup de petits gâteaux **sucrés**.

le sud [syd]
Nomen der Süden.

la Suède [sɥɛd]
Nomen Schweden.

suédois, suédoise [sɥedwa, sɥedwaz]
I. *Adjektiv* schwedisch.
II. *Nomen* **1. le Suédois, la Suédoise** der Schwede, die Schwedin. **2. le suédois** das Schwedische.

suisse [sɥis]
I. *Adjektiv* schweizerisch.
II. *Nomen* **le Suisse, la Suissesse** der Schweizer, die Schweizerin.

la Suisse [sɥis]
Nomen die Schweiz.

suivre [sɥivʀ(ə)]
Verb folgen. Juliette et Sylvie ont **suivi** Jean et Ali pour voir ce qu'ils allaient faire.

super [sypɛʀ]
Adjektiv phantastisch. «On a passé un **super** après-midi au zoo, maman», dit Jean.

le supermarché [sypɛʀmaʀʃe]
Nomen der Supermarkt. Maman et papa font des courses au **supermarché** le samedi.

supporter [sypɔʀte]
Verb **1.** ertragen. **2.** vertragen.

sur [syʀ]
Präposition **1.** auf. Pépé a posé sa pipe **sur** la table. **2.** über. Le pont **sur** la rivière est construit en bois. **3.** über. Pour son anniversaire, papa et maman ont offert un livre **sur** les chevaux à Juliette.

sûr, sûre [syʀ]
Adjektiv sicher. Ali met toujours son argent de poche en lieu **sûr** sous le matelas de son lit.

surprendre [syʀpʀɑ̃dʀ(ə)]
Verb **1.** überraschen. **2.** erwischen.

la surprise [syʀpʀiz]
Nomen die Überraschung. Oncle Fernand nous a fait une agréable **surprise** en nous rendant visite.

le sweatshirt [switʃœʀt]
Nomen das Sweatshirt.

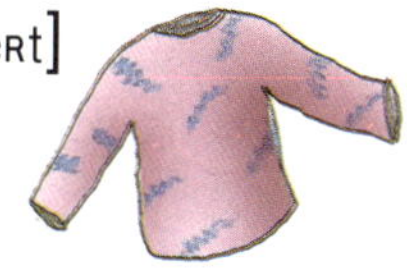

T

ta [ta]
siehe **ton**.

la table [tabl(ə)]
Nomen der Tisch. Maman est assise à la **table**.

le tableau [tablo]
Nomen **1.** die Tafel. Le professeur écrit au **tableau**. **2.** das Gemälde.

la tablette [tablɛt]
Nomen **1.** das Brett. **2.** die Tafel. Parfois, mémé achète une **tablette** de chocolat pour les enfants.

la tache [taʃ]
Nomen
der Fleck.
Il y a une grande **tache** sur la veste de Jean.

la taille [taj]
Nomen **1.** die Körpergröße. **2.** die Größe. **3.** die Taille. Juliette porte une ceinture rouge autour de la **taille**.

se taire [sətɛʀ]
Verb schweigen.

le talon [talɔ̃]
Nomen **1.** die Ferse. Juliette donne des coups de **talon** à son cheval pour le faire courir plus vite. **2.** der Absatz. Juliette veut acheter des chaussures à hauts **talons**.

le tambour [tɑ̃buʀ]
Nomen die Trommel.
Annie fait fuir tout le monde quand elle commence à jouer du **tambour**.

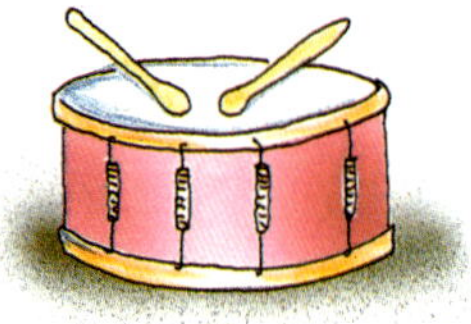

la tante [tɑ̃t]
Nomen die Tante.

le tapis [tapi]
Nomen der Teppich. Minouche est couchée sur le **tapis** devant la cheminée.

tard [taʀ]
Adverb spät. Jean a raté le bus parce qu'il s'est levé trop **tard**.

le tas [tɑ]
Nomen
1. der Haufen.
Jean a jeté ses habits d'école sur un **tas** de linge en pensant que maman allait s'en occuper. **2.** die Menge. Il y a un **tas** de jouets dans la chambre de Jean.

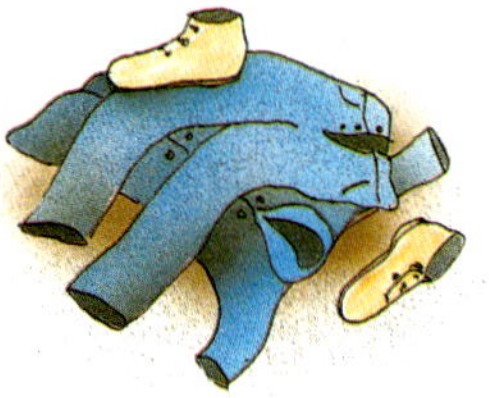

la tasse [tɑs]
Nomen
die Tasse.
«Prendrez-vous une **tasse** de thé?» demande mémé.

le taxi [taksi]
Nomen
das Taxi.

te, t' [t(ə)]
Pronomen **1.** dich. «Je **te** verrai ce soir!» dit Ali à Jean. **2.** dir.

le téléphone [telefɔn]
Nomen
das Telefon.

téléphoner [telefɔne]
Verb **1.** telefonieren. **2.** anrufen.

la télévision, la télé [televizjɔ̃, tele]
Nomen
1. das Fernsehen.
«Il y a un bon film à la **télévision** ce soir», dit papa.
2. der Fernsehapparat.

tellement [tɛlmɑ̃]
Adverb **1.** so sehr. Ali aime **tellement** le chocolat qu'il en mange tout le temps. **2.** so viel.

la température [tɑ̃peʀatyʀ]
Nomen **1.** die Temperatur.
2. avoir de la température Fieber haben. «Annie **a de la température**, je crois qu'elle a la grippe», dit maman.

la tempête [tɑ̃pɛt]
Nomen der Sturm.

le temps [tɑ̃]
Nomen **1.** die Zeit. Jean a mis beaucoup de **temps** à faire ses devoirs. **2.** das Wetter. Si le **temps** est beau, la famille Martin fera un pique-nique dimanche prochain.
3. de temps en temps von Zeit zu Zeit.

tendre [tɑ̃dʀ(ə)]
Adjektiv **1.** zart. **2.** zärtlich.

tendre [tɑ̃dʀ(ə)]
Verb ausstrecken. Mémé **tend** la main à Juliette pour lui donner de l'argent.

tenir [t(ə)niʀ]
Verb **1.** halten. Sylvie **tient** le sac de Juliette pendant que celle-ci noue ses lacets. **2.** sich festhalten. Juliette **se tient** à la barre pour faire ses exercices de danse.

le tennis [tenis]
Nomen
das Tennis.
Maman joue souvent au **tennis** avec des amis.

la tente [tɑ̃t]
Nomen das Zelt. Papa et Jean montent la **tente** à l'intérieur du camping.

terminer [tɛʀmine]
Verb beenden.

le terrain [tɛʀɛ̃]
Nomen
1. das Gelände.
2. le terrain de jeu der Spielplatz.
3. le terrain de sport der Sportplatz.

la terrasse [tɛʀas]
Nomen
die Terrasse.

la terre [tɛʀ]
Nomen
1. die Erde.
Les vers vivent dans la **terre**, c'est pourquoi on les appelle aussi vers de **terre**. **2. par terre** auf dem Boden. Beaucoup de pommes sont tombées **par terre**. **3.** das Land.
4. die Welt.

terrible [tɛʀibl(ə)]
Adjektiv furchtbar. Papa a un rhume **terrible**.

tes [te]
siehe **ton**.

le test [tɛst]
Nomen der Test.

la tête [tɛt]
Nomen
der Kopf.
Annie s'est cognée la **tête** contre le coin de la table.

le thé [te]
Nomen der Tee.

le théâtre [teɑtʀ(ə)]
Nomen das Theater.

le thermomètre [tɛʀmɔmɛtʀ(ə)]
Nomen das Thermometer.

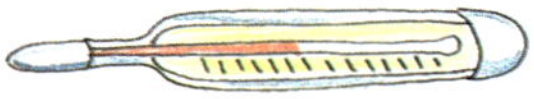

le ticket [tikɛ]
Nomen **1.** die Fahrkarte. Juliette a montré son **ticket** au contrôleur du bus. **2.** die Eintrittskarte.

le tien, la tienne, les tiens, les tiennes [tjɛ̃, tjɛn, tjɛ̃, tjɛn]
Pronomen deiner, deine, deines.

la tige [tiʒ]
Nomen
1. der Stengel.
2. der Stiel.

le tigre [tigʀ(ə)]
Nomen
der Tiger.

le timbre [tɛ̃bʀ(ə)]
Nomen die Briefmarke.

timide [timid]
Adjektiv schüchtern. Annie était trop **timide** pour parler et se cachait toujours derrière maman.

tirer [tiʀe]
Verb **1.** ziehen. **2.** schießen. Jean a **tiré** au but à la dernière minute du jeu.

la tirette [tiʀɛt]
Nomen der Reißverschluß.

le tiroir [tiʀwaʀ]
Nomen die Schublade. Maman range les fourchettes dans le **tiroir**.

le toast [tost]
Nomen der Toast. Juliette a mangé deux **toasts** au petit déjeuner.

le toboggan [tɔbɔgɑ̃]
Nomen die Rutsche.

toi [twa]
Pronomen **1.** du. **2.** dich. **3.** dir.
4. toi-même du selbst.

la toilette [twalɛt]
Nomen
1. les toilettes die Toilette.
2. faire sa toilette sich waschen.

le toit [twa]
Nomen das Dach. Minouche a grimpé sur le **toit** de la maison pour essayer d'attraper des oiseaux.

la tomate [tɔmat]
Nomen
die Tomate.

tomber [tɔ̃be]
Verb fallen. Jean est **tombé** de l'arbre et s'est cogné la tête contre le sol.

ton, ta, tes [tɔ̃, ta, te]
Pronomen dein, deine. «Jean, **ton** cartable est là», dit maman.

tondre [tɔ̃dʀ(ə)]
Verb
mähen.
En été il faut **tondre** le gazon chaque semaine.

le tonnerre [tɔnɛʀ]
Nomen der Donner. Minouche a peur du **tonnerre** et se cache toujours sous le lit quand il y a de l'orage.

la tortue [tɔʀty]
Nomen die Schildkröte.

tôt [to]
Adverb früh. Les enfants se lèvent **tôt** le matin, mais papa se lève encore plus **tôt**.

total, totale [tɔtal]
Adjektiv **1.** völlig. **2.** ganz.

toucher [tuʃe]
Verb **1.** anfassen. «Attention, ne **touche** pas le fer à repasser car il est très chaud», dit maman. **2. être touché** gerührt sein. Juliette **a été** très **touchée** par la carte que tante Sarah lui a envoyée pour son anniversaire.

toujours [tuʒuʀ]
Adverb **1.** immer. Ali prend **toujours** le bus pour aller à l'école. **2.** immer noch. Jean n'est pas venu à l'école depuis une semaine, il est **toujours** malade.

le tour [tuʀ]
Nomen **1.** die Rundfahrt. **2.** der Spaziergang. Jean est parti faire un **tour** avec Pipo. **3.** der Streich. Jean joue un **tour** à Juliette en mettant un insecte dans son lit.

la tour [tuʀ]
Nomen der Turm. Annie construit une **tour** avec ses blocs de bois.

le, la touriste [tuʀist(ə)]
Nomen der Tourist, die Touristin.

tourner [tuʀne]
Verb **1.** drehen. Mémé a **tourné** sa chaise pour mieux voir la télévision. **2.** umblättern. Juliette **tourne** la page de son livre. **3.** abbiegen. Maman doit **tourner** à droite pour aller à la poste.

le tournesol [tuʀnəsɔl]
Nomen die Sonnenblume.

le tournevis [tuʀnəvis]
Nomen der Schraubenzieher.

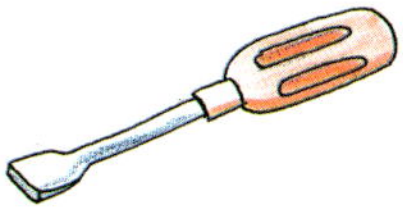

tousser [tuse]
Verb husten.

tous, toutes [tu, tut]
Adjektiv alle. **Toutes** les fenêtres sont ouvertes.

tout [tu]
Pronomen alles. Juliette a **tout** sorti du tiroir.

tout, toute [tu, tut]
I. *Adjektiv* **1.** jeder, jede, jedes. **2.** ganzer, ganze, ganzes. Il a neigé **toute** la journée. **3. tout le monde** alle. **Tout le monde** applaudissait à la fin du concert.
II. *Adverb* **1.** ganz. Pipo était **tout** couvert de boue. **2. pas du tout** gar nicht. «Es-tu fatigué?» – «Non, **pas du tout**.» **3. tout à coup** plötzlich. **4. tout à fait** ganz. **5. tout de suite** sofort.

le tracteur [tʀaktœʀ]
Nomen der Traktor.

le train [tʀɛ̃]
Nomen
1. der Zug.
Tante Sarah aime voyager en **train**.
2. aller en train mit dem Zug fahren.

le trait [tʀɛ]
Nomen der Strich. «S'il vous plaît, tirez un **trait** sur toute la page», dit le professeur.

traiter [tʀete]
Verb behandeln.
Jean **traite** toujours Pipo avec amour.

le trajet [tʀaʒɛ]
Nomen die Strecke. Les Martin font le **trajet** de la maison à la mer en deux heures.

le tramway [tʀamwɛ]
Nomen die Straßenbahn.

tranchant, tranchante [tʀɑ̃ʃɑ̃, tʀɑ̃ʃɑ̃t]
Adjektiv **1.** scharf. **2. fais attention!** paß auf! «Fais attention, ce couteau est très **tranchant**», avertit maman.

la tranche [tʀɑ̃ʃ]
Nomen die Scheibe. Maman coupe le pain en **tranches**.

tranquille [tʀɑ̃kil]
Adjektiv **1.** ruhig. **2.** leise. «Reste **tranquille**, sinon tu vas réveiller Annie», souffle maman.

transporter
[tʀɑ̃spɔʀte]
Verb
transportieren.
Le train **transporte** les bagages.

le travail [tʀavaj]
Nomen **1.** die Arbeit. Papa aime beaucoup son **travail**. **2.** die Stelle. La mère d'Ali a un **travail** à la poste. **3.** die Aufgabe. C'est le **travail** de Pipo de faire peur aux cambrioleurs.

travailler [tʀavaje]
Verb arbeiten. Papa **travaille** dans le jardin.

à travers [atʀavɛʀ]
Präposition durch. Minouche s'est glissée **à travers** le trou du grillage.

traverser [tʀavɛʀse]
Verb **1.** durchqueren.
2. überqueren. «Regardez à droite et à gauche avant de **traverser** la rue!»

treize [tʀɛz]
Adjektiv dreizehn.

trente [tʀɑ̃t]
Adjektiv dreißig.

très [tʀɛ]
Adverb sehr. Ali mange **très** souvent du chocolat.

le trésor [tʀezɔʀ]
Nomen der Schatz. Jean pense qu'il y a un **trésor** enterré dans le jardin, mais c'est seulement un os de Pipo.

le triangle [tʀijɑ̃gl(ə)]
Nomen
das Dreieck.

le tricot de corps [tʀikod(ə)kɔʀ]
Nomen das Unterhemd.

tricoter [tʀikɔte]
Verb stricken.
Mémé **tricote** un pull pour Annie.

triste [tʀist(ə)]
Adjektiv traurig. Annie est **triste** car oncle Fernand part aujourd'hui.

trois [tʀwa]
Adjektiv drei.

troisième [tʀwazjɛm]
Adjektiv dritter, dritte, drittes.

la trompette [tʀɔ̃pɛt]
Nomen die Trompete.

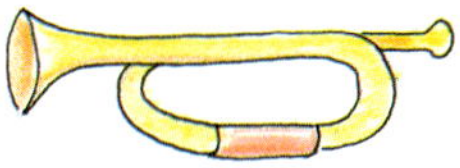

trop [tʀo]
Adverb **1.** zu. Jean trouvait les additions **trop** difficiles, alors il a demandé à papa de l'aider.
2. zuviel. Ali mange **trop**, c'est pourquoi il est aussi gros.

le trottoir [tʀɔtwaʀ]
Nomen der Gehsteig. Les piétons doivent marcher sur le **trottoir**.

le trou [tʀu]
Nomen das Loch. Les moutons se sont échappés par un **trou** du grillage.

le troupeau [tʀupo]
Nomen die Herde. Le berger garde son **troupeau** de moutons.

la trousse [tʀus]
Nomen das Mäppchen.

trouver [tʀuve]
Verb **1.** finden. Pipo a **trouvé** un os dans les buissons. **2. trouver que ...** finden, daß ... «Je **trouve que** c'est une bonne idée d'aller au cinéma ce soir.»

le T-shirt [tiʃœʀt]
Nomen
1. das T-Shirt.
2. das Unterhemd.

tu [ty]
Pronomen du. «Jean, que fais-**tu**?» demande maman.

le tube [tyb]
Nomen **1.** das Rohr. **2.** die Tube. Jean a tellement pressé le **tube** de dentifrice qu'il en a laissé tomber par terre.

le tube respiratoire [tybʀɛspiʀatwaʀ]
Nomen der Schnorchel.

la tulipe [tylip]
Nomen die Tulpe. Pépé est très en colère, car Pipo s'est couché sur les **tulipes**.

turc, turque [tyʀk(ə)]
I. *Adjektiv* türkisch.
II. *Nomen* **1. le Turc, la Turque** der Türke, die Türkin. **2. le turc** das Türkische.

la Turquie [tyʀki]
Nomen die Türkei.

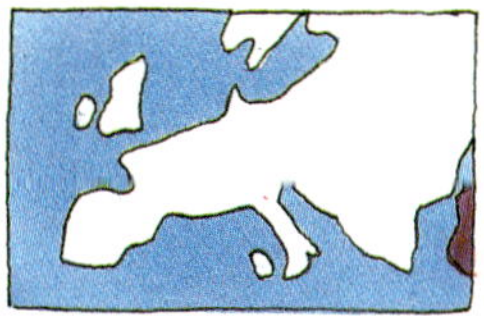

U

un, une [œ̃, yn]
I. *unbestimmter Artikel* ein, eine. Juliette a **un** frère et **une** soeur.
II. *Pronomen* einer, eine, eines. «Veux-tu un bonbon, Ali? Il en reste **un**», dit Jean.

un uniforme [ynifɔʀm(ə)]
Nomen
eine Uniform. En Angleterre, les élèves portent souvent des **uniformes**, mais pas en France.

une université [ynivɛʀsite]
Nomen eine Universität. Le fils des voisins étudie les maths à l'**université**.

une usine [yzin]
Nomen
eine Fabrik.

utiliser [ytilize]
Verb benutzen. Maman **utilise** une éponge pour nettoyer la table.

V

les vacances [vakɑ̃s]
Nomen, Femininum **1.** die Ferien. En France, les écoles sont fermées du début juillet au 15 septembre pour les grandes **vacances**. **2.** der Urlaub. Les Martin partent en **vacances** la semaine prochaine.

la vache [vaʃ]
Nomen
die Kuh.

la vague [vag]
Nomen die Welle.

le vaisseau spatial [vɛsospasjal]
Nomen das Raumschiff.

la vaisselle [vɛsɛl]
Nomen das Geschirr.

la valeur [valœʀ]
Nomen der Wert.

la valise [valiz]
Nomen
1. der Koffer.
2. faire ses valises die Koffer packen.

la vallée [vale]
Nomen das Tal.

la vapeur [vapœʀ]
Nomen
der Dampf.
Un nuage de **vapeur** s'échappait de la casserole.

le vase [vɑs]
Nomen
die Vase.

le veau, les veaux [vo]
Nomen
das Kalb.
La vache et son **veau** ont suivi le fermier dans les champs.

le vélo [velo]
Nomen das Fahrrad.

vendre [vɑ̃dʀ(ə)]
Verb verkaufen. Dans un supermarché, on **vend** beaucoup de choses différentes.

le vendredi [vɑ̃dʀədi]
Nomen der Freitag.

venir [v(ə)niʀ]
Verb **1.** kommen. Jean et Juliette **viennent** cet après-midi à quatre heures. **2. venir de faire quelque chose** etwas gerade getan haben. Jean **vient de** jouer au football.

le vent [vɑ̃]
Nomen der Wind. Le **vent** souffle fort aujourd'hui.

le ventre [vɑ̃tʀ(ə)]
Nomen
der Bauch.

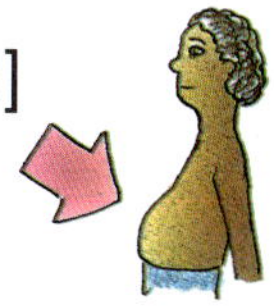

le ver [vɛʀ]
Nomen
1. der Wurm.
2. le ver de terre
der Regenwurm.

vérifier [veʀifje]
Verb überprüfen. Papa **vérifie** les pneus de la voiture avant de partir en vacances.

véritable [veʀitabl(ə)]
Adjektiv **1.** echt. «Ce collier est-il en or **véritable**?» demande Juliette.
2. wahr.

le verre [vɛʀ]
Nomen
das Glas.

le vers [vɛʀ]
Nomen der Vers.

vers [vɛʀ]
Präposition **1.** nach. **2.** auf ... zu. «Qui est cet homme qui vient **vers** moi», se demande Jean.
3. zu. **4.** gegen. **Vers** deux heures.

verser [vɛʀse]
Verb **1.** einschenken. Jean a **versé** du lait dans son verre.
2. ausgießen.

vert, verte [vɛʀ, vɛʀt(ə)]
Adjektiv
grün.

la veste [vɛst(ə)]
Nomen
die Jacke.

le veston [vɛstɔ̃]
Nomen die (ärmellose) Weste.

le vêtement [vɛtmɑ̃]
Nomen **1.** das Kleidungsstück.
2. les vêtements die Kleider.

le, la vétérinaire [veteʀinɛʀ]
Nomen der Tierarzt, die Tierärztin. Il faut conduire Minouche chez le **vétérinaire**, car elle s'est fait mal à la patte.

la viande [vjɑ̃d]
Nomen das Fleisch. Annie ne mange pas de **viande**.

vide [vid]
Adjektiv leer. Le nid de l'oiseau n'est pas **vide**, il y a trois oeufs dedans.

vider [vide]
Verb **1.** ausleeren. **2.** austrinken. Ali a tellement soif qu'il a déjà **vidé** trois verres de limonade.

la vie [vi]
Nomen das Leben.

vieillir [vjejiʀ]
Verb alt werden.

vieux, vieil, vieille [vjø, vjɛj, vjɛj]
Adjektiv alt.

vilain, vilaine [vilɛ̃, vilɛn]
Adjektiv **1.** gemein. **2.** ungezogen. **3.** häßlich.

le village [vilaʒ]
Nomen das Dorf.

la ville [vil]
Nomen die Stadt. Les grandes **villes** sont pleines de gens et de voitures.

le vin [vɛ̃]
Nomen der Wein. Pépé aime boire un verre de **vin** le soir.

le vinaigre [vinɛgʀ(ə)]
Nomen der Essig.

vingt [vɛ̃]
Adjektiv zwanzig.

violent, violente [vjɔlɑ̃, vjɔlɑ̃t]
Adjektiv **1.** heftig. Il y a eu un **violent** orage hier soir. **2.** brutal.

violet, violette [vjɔlɛ, vjɔlɛt]
I. *Adjektiv* violett.
II. *Nomen* **la violette** das Veilchen.

le violon [vjɔlɔ̃]
Nomen die Geige.

le violoncelle [vjɔlɔ̃sɛl]
Nomen das Cello.

le virage [viʀaʒ]
Nomen die Kurve.

la vis [vis]
Nomen die Schraube.

le visage [vizaʒ]
Nomen das Gesicht.

viser [vize]
Verb zielen. Juliette **vise** son papa et lui jette une boule de neige.

la visite [vizit]
Nomen **1.** der Besuch. **2.** die Besichtigung. **3. rendre visite** besuchen. Les enfants ont **rendu visite** à pépé quand il était à l'hôpital.

visiter [vizite]
Verb **1.** besuchen. Les enfants ont **visité** le zoo avec pépé. **2.** besichtigen.

le visiteur [vizitœʀ]
Nomen der Besucher, die Besucherin. Il y avait beaucoup de **visiteurs** au zoo hier.

vite [vit]
Adverb **1.** schnell. **2. plus vite** schneller. **3. moins vite** langsamer. Jean court **vite**, **plus vite** que Juliette, mais beaucoup **moins vite** qu'un guépard.

la vitesse [vitɛs]
Nomen **1.** die Geschwindigkeit. **2.** der Gang.

la vitre [vitʀ(ə)]
Nomen die Fensterscheibe.

vivant, vivante [vivɑ̃, vivɑ̃t]
Adjektiv **1.** lebendig. **2.** lebhaft.

vivre [vivʀ(ə)]

Verb
1. leben.
Le poisson **vive** dans l'eau.
2. wohnen. Les Martin **vivent** à Strasbourg.

le voeu [vø]
Nomen **1.** der Wunsch. **2. les voeux** die Glückwünsche. «Tous mes **voeux** pour la nouvelle année», dit Jean à pépé le premier jour de l'an.
3. faire un voeu sich etwas wünschen.

la voie [vwa]
Nomen **1.** der Weg. **2.** die Spur. L'autoroute a au moins quatre **voies**.

voilà [vwala]

Adverb
1. da ist.
2. da sind.
«Voilà vos sandwichs pour demain!» dit maman.
3. voilà! da!

la voile [vwal]

Nomen
1. das Segel.
2. faire de la voile segeln.

le voilier [vwalje]
Nomen das Segelboot.

voir [vwaʀ]
Verb sehen. «Avez-vous **vu** mes lunettes?» demande mémé.

le voisin, la voisine [vwazɛ̃, vwazin]
Nomen der Nachbar, die Nachbarin. Madame Dupont est la **voisine** des Martin.

la voiture [vwatyʀ]
Nomen **1.** das Auto. Jean aide papa à laver la **voiture**. **2. la petite voiture** das Spielzeugauto.
3. la voiture de pompiers das Feuerwehrauto.

la voix [vwa]
Nomen **1.** die Stimme. Juliette aime beaucoup la **voix** de son chanteur favori. **2. à haute voix** laut. «Regardez le monsieur avec un grand nez», dit Jean **à haute voix**.

voler [vɔle]
Verb **1.** fliegen. Les oiseaux **volent** dans le ciel. **2.** stehlen. Les cambrioleurs ont **volé** la télé et le magnétoscope.

le voleur, la voleuse

[vɔlœʀ, vɔlœz]
Nomen
der Dieb,
die Diebin.

le volley-ball [vɔlɛbol]
Nomen der Volleyball.

le volume [vɔlym]
Nomen
der Band.

vos [vo]
siehe **votre**.

votre, vos [vɔtʀ(ə), vo]
Adjektiv **1.** euer, eure. «Jean, Juliette, voici **vos** jus de pomme et **votre** gâteau», dit mémé. **2.** Ihr, Ihre. «Madame Martin, voilà **votre** arrosoir», dit Madame Dupont.

le vôtre, la vôtre, les vôtres [votʀ(ə)]
Pronomen **1.** eurer, eure, eures.
2. Ihrer, Ihre, Ihres.

vouloir [vulwaʀ]
Verb **1.** wollen. Juliette **veut** aller au cinéma avec Sylvie. **2.** mögen. «Qui **veut** encore des frites?» demande maman.

vous [vu]
Pronomen **1.** Sie. «Madame Dupont, pourriez-**vous** arroser les plantes pendant que nous sommes en vacances?» demande pépé. **2.** ihr. «Juliette! Jean! Voulez-**vous** du thé?» demande mémé. **3.** euch. **4.** Ihnen.

le voyage [vwajaʒ]
Nomen **1.** die Reise. **2.** die Fahrt.

voyager [vwajaʒe]
Verb reisen. Sylvie aime **voyager** à l'étranger.

vrai, vraie [vʀɛ]
Adjektiv **1.** wahr. Pépé raconte une histoire **vraie** à Annie ce soir. **2.** wirklich.

vraiment [vʀɛmɑ̃]
Adverb wirklich. «S'il te plaît maman, puis-je aller au cinéma, j'ai **vraiment** envie de voir ce film», demande Jean.

W

le wagon [vagɔ̃]
Nomen der Eisenbahnwaggon.

le week-end [wikɛnd]
Nomen das Wochenende. Jean aime les **week-ends**, car il peut rester longtemps au lit le matin.

Y

le yaourt [jauʀ(t)]
Nomen der Joghurt.

Z

le zèbre [zɛbʀ(ə)]
Nomen das Zebra.

zéro [zeʀo]
Adjektiv null.

la zone [zon]
Nomen das Gebiet.

le zoo [zoo]
Nomen der Zoo.

Thematischer Teil
mit großen Situationsbildern

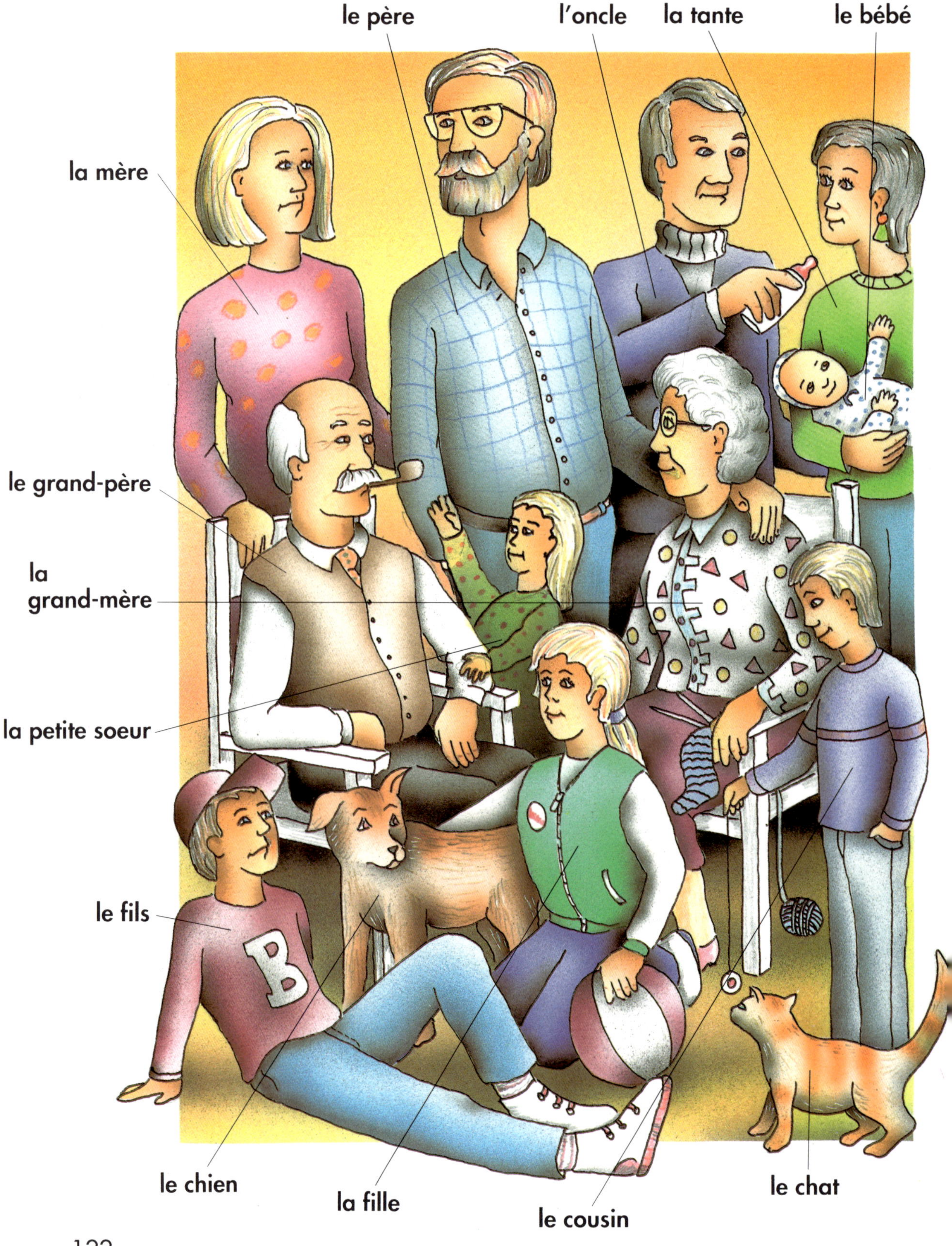
le père
l'oncle
la tante
le bébé
la mère
le grand-père
la grand-mère
la petite soeur
le fils
le chien
la fille
le cousin
le chat

les cheveux
l'oreille
le front
la tête
le nez
la bouche
la joue
le menton
la gorge
le pouce
le doigt
la main
le poignet
le sourcil
l'oeil
la langue
le cou
l'épaule
le dos
le ventre
la taille
le derrière
la jambe
le bras
le coude
l'ongle
le doigt de pied
le pied
le talon
la cheville
le genou
RAILA

Ma chambre

l'appareil photo
le miroir
le vaisseau spatial
la photo
la lampe
le tableau
la lampe de poche
le réveil
l'ours en peluche
le bouton
le lit
l'oreiller
la chaise
le peigne
la montre
le pyjama
les billes
le tapis
le drap
la couverture
la pantoufle

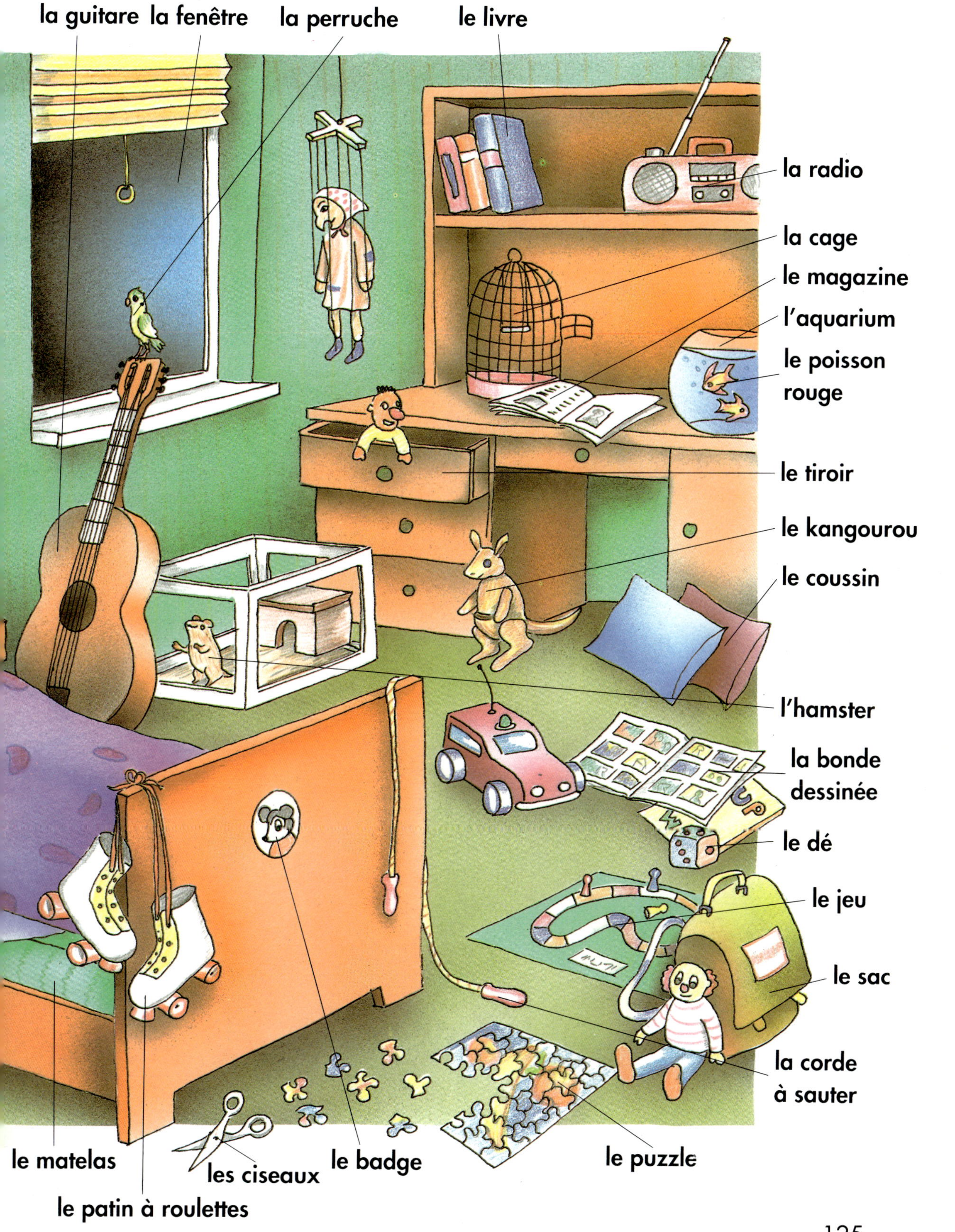
la guitare
la fenêtre
la perruche
le livre
la radio
la cage
le magazine
l'aquarium
le poisson rouge
le tiroir
le kangourou
le coussin
l'hamster
la bonde dessinée
le dé
le jeu
le sac
la corde à sauter
le puzzle
le badge
les ciseaux
le matelas
le patin à roulettes

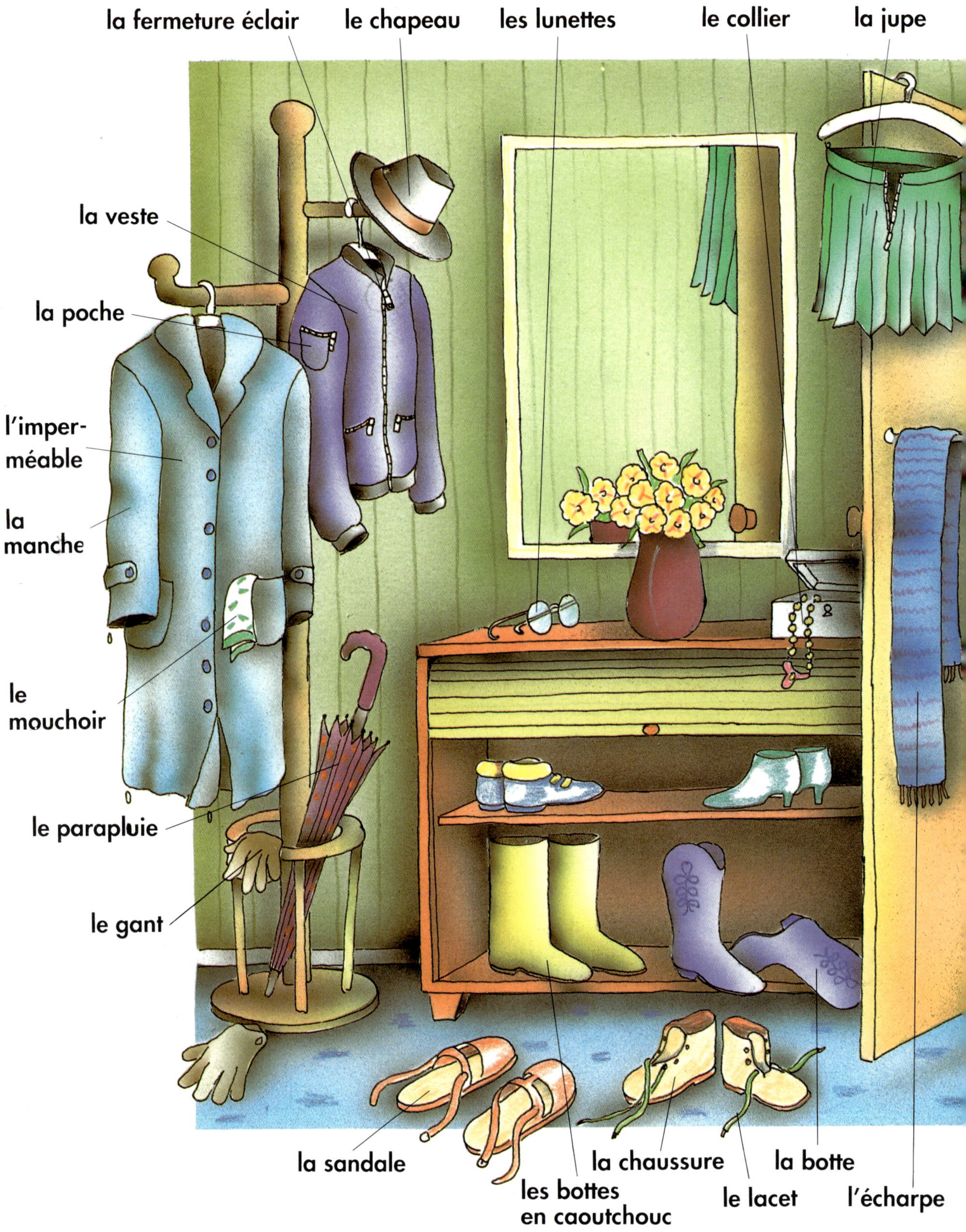
la fermeture éclair
le chapeau
les lunettes
le collier
la jupe
la veste
la poche
l'imper-
méable
la
manche
le
mouchoir
le parapluie
le gant
la sandale
les bottes
en caoutchouc
la chaussure
le lacet
la botte
l'écharpe

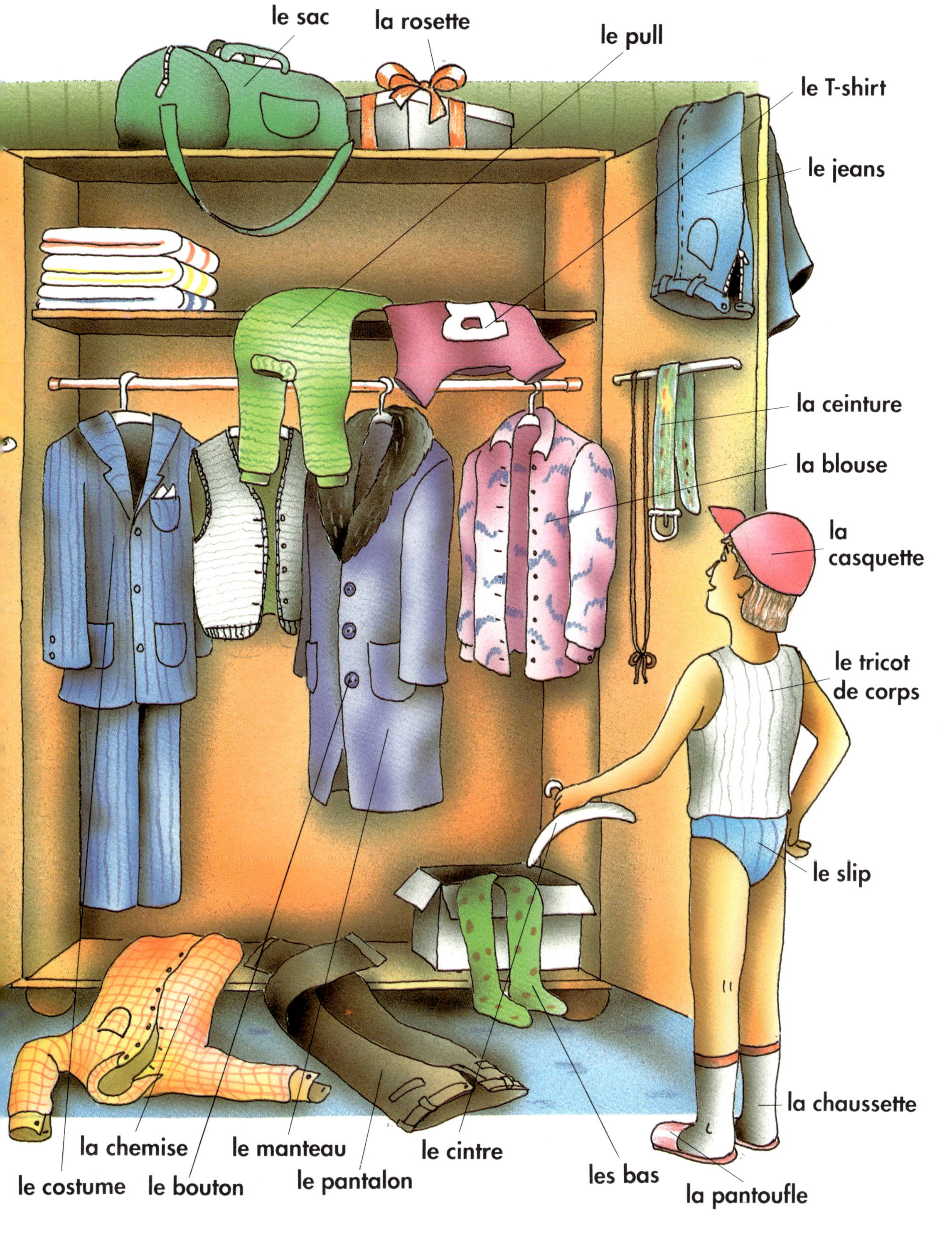
le sac
la rosette
le pull
le T-shirt
le jeans
la ceinture
la blouse
la casquette
le tricot de corps
le slip
la chaussette
la chemise
le manteau
le cintre
le costume
le bouton
le pantalon
les bas
la pantoufle

Notre maison et notre jardin

le lit
le rideau
la fenêtre
l'arbre
le garage
la pelle
le/la voisin(e)
la clôture
la brouette
la voiture
le tournesol
le salon
la lampe
la télévision
le magnétoscope
le canapé
le vase
le fauteuil
le chemin
l'arrosoir
le gazon
la boîte aux lettres
la porte
le vélo
le facteur

la lettre
l'alphabet
le calendrier
la craie
la pendule
la sonnette
le tableau
la plante
le professeur
l'étagère
le livre
l'ordinateur
la pyramide
la carte du monde
le pinceau
la tasse
la chaise
les écoliers
la feuille
le pupitre
l'encre
le cahier
le cartable
ABCDE
FGHIJ
KLMN
OPQR
18×4

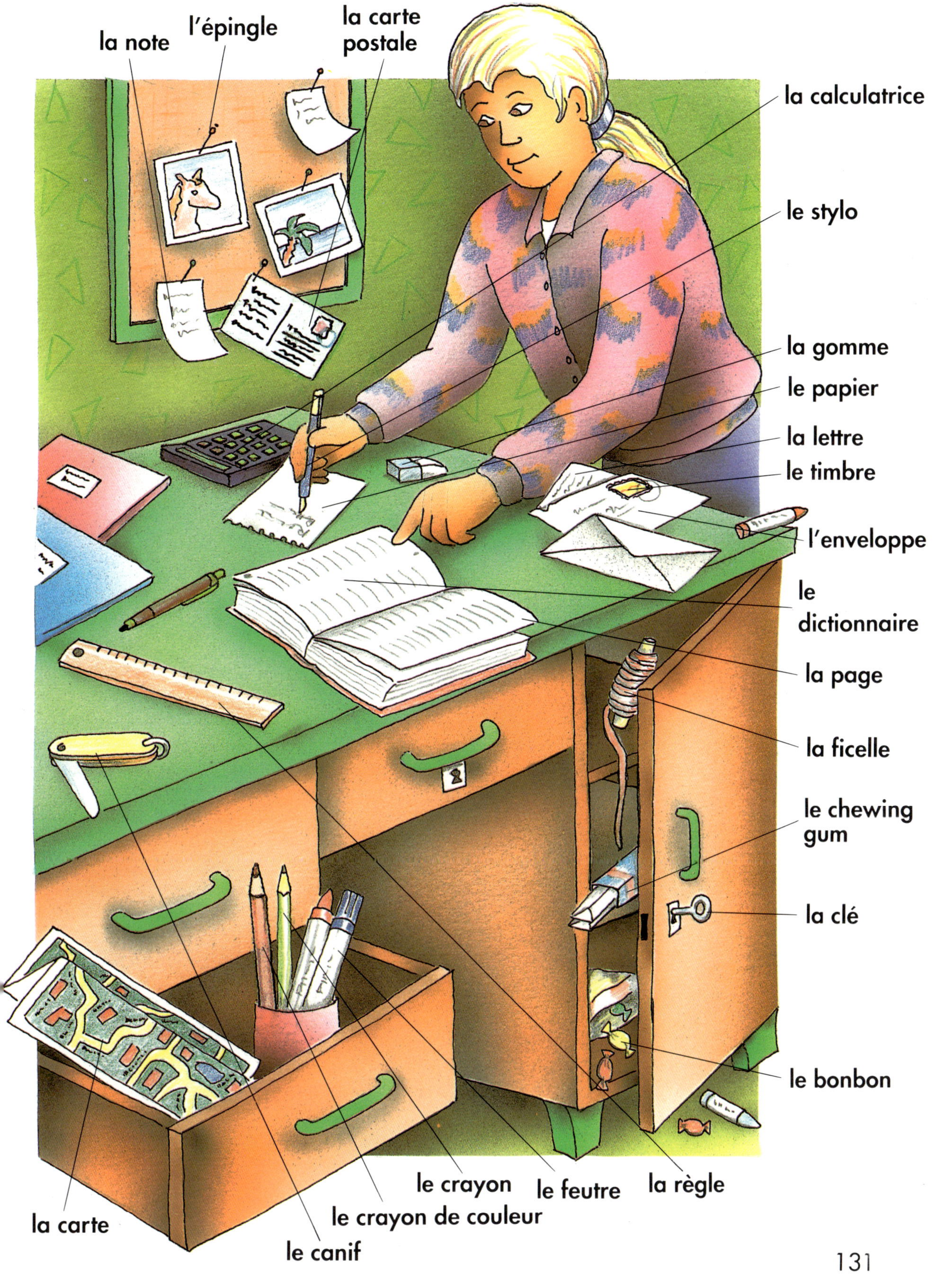
la note
l'épingle
la carte postale
la calculatrice
le stylo
la gomme
le papier
la lettre
le timbre
l'enveloppe
le dictionnaire
la page
la ficelle
le chewing gum
la clé
le bonbon
la règle
le feutre
le crayon
le crayon de couleur
le canif
la carte

Sur le terrain de sport

le violin
la chorale
la trompette
le pupitre
la clarinette
la cymbale
le chef d'orchestre
le tambour
le piano
la flûte
l'archet
le microphone
l'estrade
le violoncelle
le public

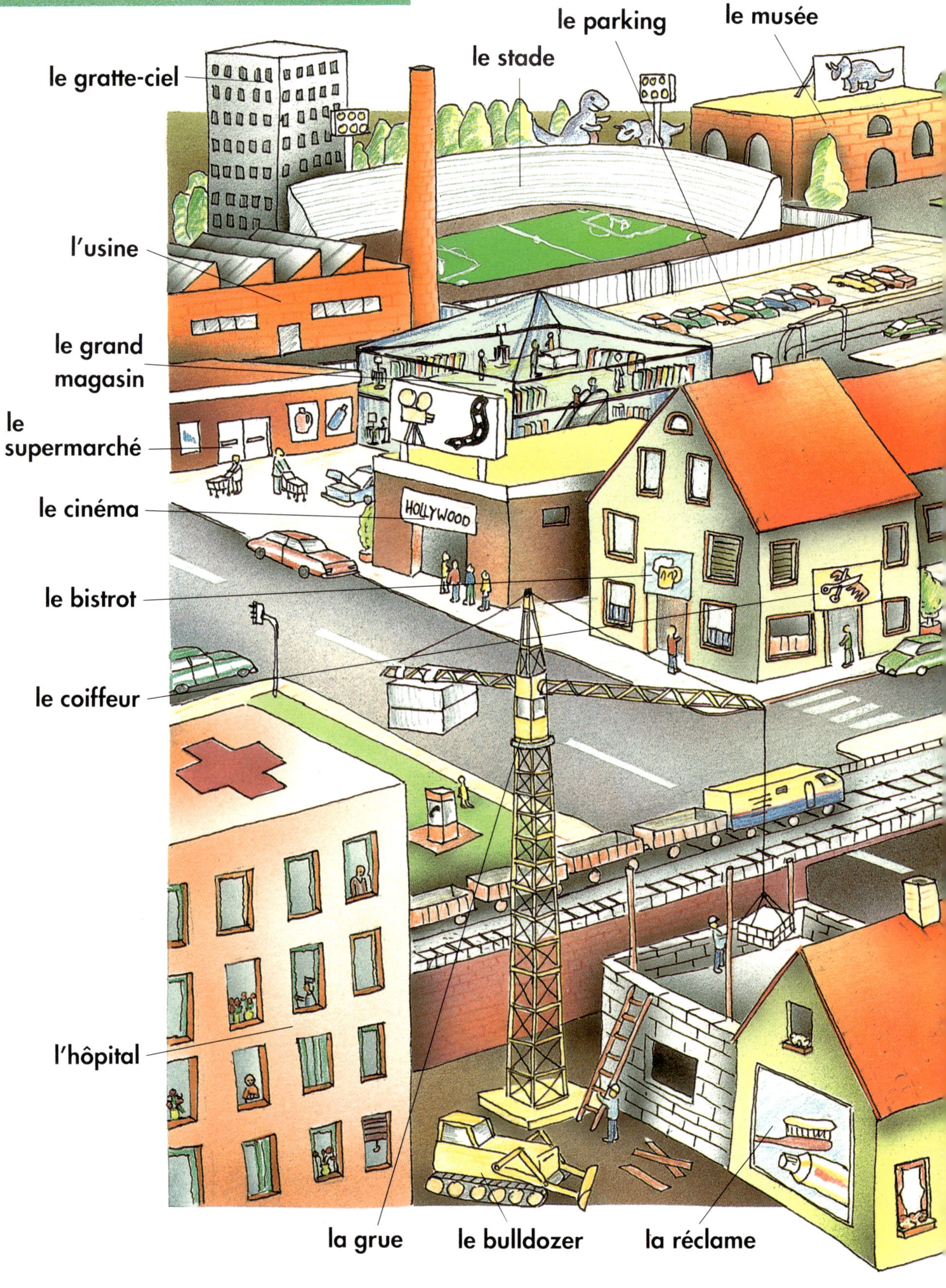
le gratte-ciel
le stade
le parking
le musée
l'usine
le grand magasin
le supermarché
le cinéma
HOLLYWOOD
le bistrot
le coiffeur
l'hôpital
la grue
le bulldozer
la réclame

le café
le théâtre
la prison
la poste
le tramway
l'autobus
l'église
la gare
le train
HOTEL
l'hôtel
HOTEL
la pharmacie
la rue
la voiture de pompiers
le pompier

la voiture de pompiers
l'autoroute
le taxi
la voiture
le train
le passage à niveau
le trottoir
le bord du trottoir
le passager
le bus
le pneu
le passage clouté
le casque
le scooter

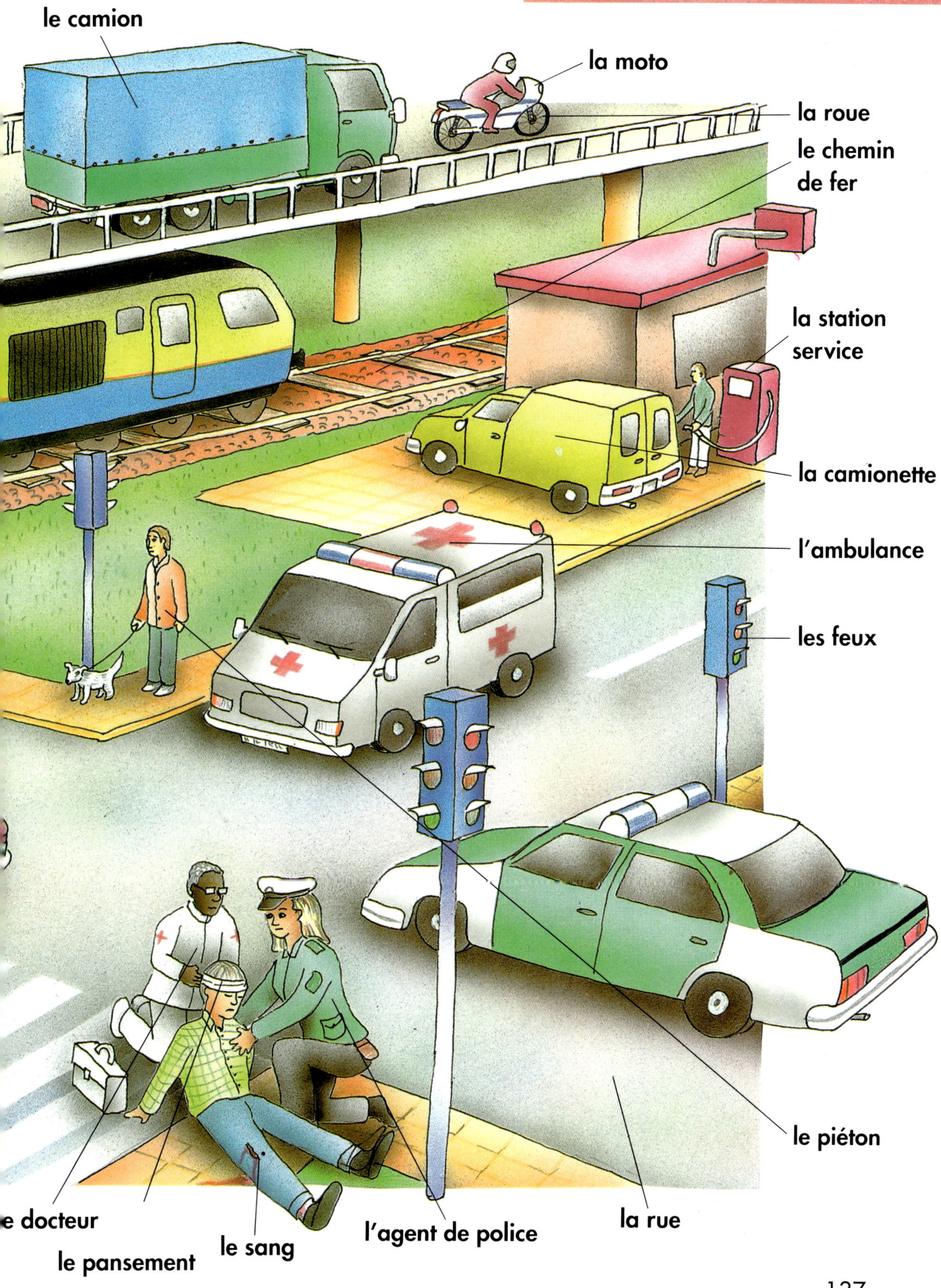
le camion
la moto
la roue
le chemin de fer
la station service
la camionette
l'ambulance
les feux
le piéton
e docteur
le pansement
le sang
l'agent de police
la rue

Au marché

le poisson
la glace
la charcuterie
l'éventaire
les raisins
le concombre
la poire
le panier
la pomme
la boîte
l'orange
le citron
la cerise
la fraise
la banane

la boulangerie
les fleurs
le fromage
la prune
le prix
la balance
la noix de coco
la laitue
le poivron
le champignon
le haricot
la citrouille
l'ananas
l'oignon
la tomate
la pomme de terre
20
10

Au restaurant libre-service

le verre
la boîte
la bouteille
la salade
le beignet
le gâteau
la baguette
l'oeuf
le jambon
le pain
le fromage
les spaghettis
la paille
la cuillère
la tasse
la soucoupe
le thé
le sucre
l'assiette
la saucisse
le ketchup
le sel
le poivre

Au camping

l'avion
le bois
la fumée
la cabane
le drapeau
le rocher
la pagaie
la tente
les jumelles
le sac de couchage
la corde
la flamme
le feu de camp
la pierre
le pot

la mouette
le soleil
le ciel
l'île
la voile
le bateau
le filet
le tube
respiratoire
le crabe
la radio
la sucette
la glace
la coquille
le maillot
de bain
la pelle
le seau
le sable
le magazine
les lunettes
de soleil
la serviette
le maillot
de bain

le ballon à air chaud
le chemin
la colline
l'arc-en-ciel
les toilettes
le terrain de jeu
le toboggan
la balançoire
le carrousel
la bascule
l'ordure
la poubelle
le buisson
le banc
la tulipe
le lapin
le papillon
le vélo
le pigeon
la sauterelle
la balle

le nuage
le cerf-volant
le cerf
la statue
l'arbre
l'oiseau
le nid
la feuille
la branche
le peintre
le tas de feuilles
l'écureuil
le champignon
le cygne
l'étang
la racine
le hérisson
le jardinier
le canard
la grenouille
le caneton
le sandwich
le pique-nique

l'arbre
le pont
le champ
le fermier
l'agneau
le renard
la clôture
le chien
la grange
le foin
le chat
la patte
le chiot
l'échelle
le poney
l'âne
le chaton
l'oie
la chèvre
le coq
la poule
le poussin
la souris

la corneille
le ruisseau
le berger
le mouton
l'écurie
le cheval
le poulain
le tracteur
le pneu
le cochon
le petit cochon
la vache
la queue
la dinde
l'oeuf
le veau
l'herbe
le sabot

le koala
l'entrée
la queue
le serpent
le bec
l'aile
le perroquet
l'aigle
le hibou
la cage
le guépard
le tigre
le singe
le gorille
la queue
le crocodile

l'autruche
le chameau
le zèbre
la girafe
l'élépant
le panneau
le pingouin
la tortue
le phoque
le panda
l'ours
le rhinocéros
la patte
l'os
le lion
l'hippopotame

L'heure et la date

les mois

janvier

février

mars

avril

mai

juin

juillet

août

septembre

octobre

novembre

décembre

les saisons

l'hiver
le printemps
l'automne
l'été

cinq heures

cinq heures et quart

cinq heures et demie

six heures moins le quart

les jours de la semaine

l'heure qu'il fait

le matin

le midi

l'après-midi

le soir

la nuit

0	zéro	10	dix	20	vingt
1	un	11	onze	30	trente
2	deux	12	douze	40	quarante
3	trois	13	treize	50	cinquante
4	quatre	14	quatorze	60	soixante
5	cinq	15	quinze	70	soixante-dix
6	six	16	seize	80	quatre-vingts
7	sept	17	dix-sept	90	quatre-vingt-dix
8	huit	18	dix-huit	100	cent
9	neuf	19	dix-neuf	1000	mille

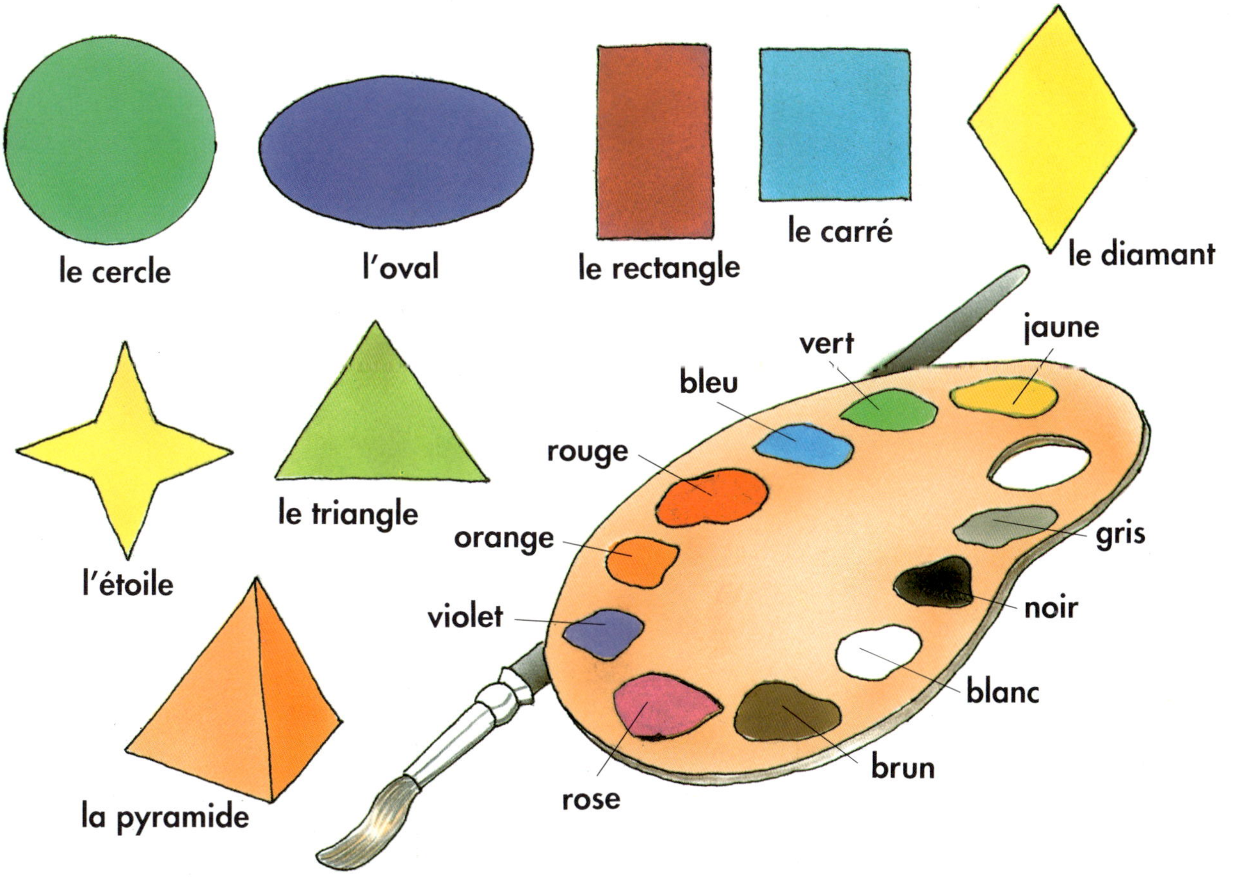

Où se trouve Teddy?

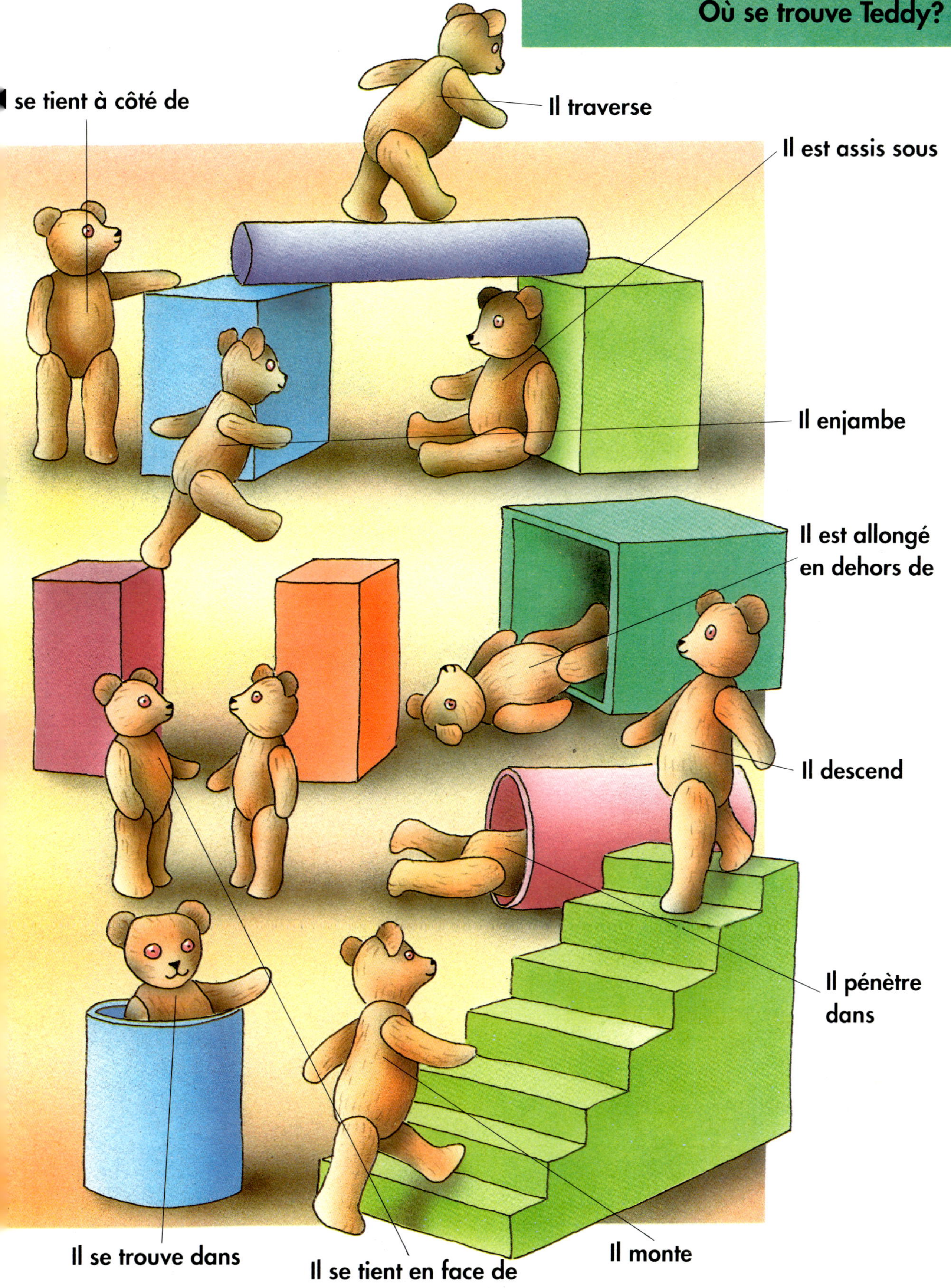
se tient à côté de
Il traverse
Il est assis sous
Il enjambe
Il est allongé en dehors de
Il descend
Il pénètre dans
Il se trouve dans
Il se tient en face de
Il monte

Glossar

A

abbiegen	tourner
Abend	1. soir; 2. soirée
Abendessen	dîner
abends	le soir
Abenteuer	aventure
aber	mais
Abfall	ordure
Abfalleimer	poubelle
Abfluß	égout
abholen	aller chercher
Abkommen	accord
ablehnen	refuser
abräumen	débarrasser
Absatz	talon
abschließen	fermer à clé
abschreiben	copier
absichtlich	exprès
abtrocknen	essuyer
abwesend	absent
acht	huit
achtzehn	dix-huit
achtzig	quatre-vingts
Adler	aigle
Adresse	adresse
Affe	singe
Afrika	Afrique
Afrikaner	Africain
Afrikanerin	Africaine
afrikanisch	africain
ähnlich	semblable
Ahnung	idée
Aktentasche	serviette
Album	album
alle	1. tous; 2. tout le monde
allein	seul
alles	tout
Alphabet	alphabet
als	1. lorsque; 2. quand
also	1. alors; 2. donc
alt	1. ancien; 2. vieux
alt werden	vieillir
Alter	âge
Ameise	fourmi
Amerika	Amérique
Amerikaner	Américain
Amerikanerin	Américaine
amerikanisch	américain
Ampel	feux
an	à
Ananas	ananas
anbauen	cultiver
anbieten	offrir
anbrennen	brûler
anderer	1. autre; 2. différent
Anfang	début
anfangen	commencer
anfassen	toucher
Angeln	pêche à la ligne
angeln	pêcher
angenehm	agréable
angreifen	attaquer
Angriff	attaque
Angst	peur
Angst haben	avoir peur
anhaben	porter
anhalten	s'arrêter
Anker	ancre
ankommen	arriver
annehmen	accepter
Anorak	anorak
anprobieren	essayer
anrufen	appeler
anschauen	regarder
Ansichtskarte	carte postale
anstreichen	peindre

anstrengend	fatigant
Antwort	réponse
antworten	répondre
anwesend	présent
anziehen	1. habiller; 2. mettre
Anzug	costume
anzünden	allumer
Apfel	pomme
Apotheke	pharmacie
Apotheker	pharmacien
Apothekerin	pharmacienne
April	avril
Arbeit	travail
arbeiten	travailler
Arbeitgeber	patron
Arm	bras
arm	pauvre
Armbanduhr	montre
Armee	armée
Ärmel	manche
Art	espèce, sorte
Art und Weise	façon, manière
Arzt, Ärztin	docteur
Asien	Asie
Ast	branche
Astronaut	astronaute
Atmen	respiration
atmen	respirer
auch	aussi
auf	sur
aufbewahren	garder
aufblasen	gonfler
aufessen	finir
Aufgabe	devoir
aufgeräumt	bien rangé
aufhängen	1. accrocher; 2. pendre
aufheben	relever
aufhören	arrêter
Aufmerksamkeit	attention
aufpassen	prendre soin
aufpumpen	gonfler
aufräumen	ranger
Aufsatz	rédaction
aufschreiben	noter
aufstehen	1. se mettre debout; 2. se lever
aufwachen	se réveiller
Aufzug	ascenseur
Auge	oeil
Augenblick	moment
Augenbraue	sourcil
August	août
aus	1. de; 2. en
Ausgang	sortie
ausgeben	dépenser
ausgehen	sortir
ausgeschaltet	éteint
ausgezeichnet	excellent
Ausland	étranger
Ausländer	étranger
Ausländerin	étrangère
ausländisch	étranger
ausleeren	vider
ausleihen	emprunter
ausradieren	effacer
Ausrede	excuse
ausruhen, sich	se reposer
ausrutschen	glisser
ausschalten	éteindre
aussehen	avoir l'air
außer	à part
außerdem	de plus
äußerer	extérieur
aussteigen	descendre
ausstrecken	tendre
aussuchen	choisir
Australien	Australie
Australier	Australien
Australierin	Australienne
australisch	australien
austrinken	vider
auswendig	par coeur
ausziehen	1. déshabiller; 2. enlever
Auto	auto, voiture
Autobahn	autoroute
Autowerkstatt	garage

B

Baby	bébé
Bach	ruisseau
Backe	joue
backen	1. cuire au four; 2. faire un gâteau
Bäcker	boulanger
Bäckerin	boulangère
Bäckerei	boulangerie
Backofen	four
Bad	bain
Badeanzug	maillot de bain
Badehose	maillot de bain
baden	se baigner
Badezimmer	salle de bain
Baguette	baguette
Bahnhof	gare
Bahnsteig	quai
Bahnübergang	passage à niveau
bald	bientôt
Balkon	balcon
Ball	1. balle; 2. ballon
Ballett	ballet
Banane	banane
Band	groupe
Bank	1. banc; 2. banque
Bar	bar
Bär	ours
Bart	barbe
Batterie	batterie, pile
Bauch	ventre
bauen	construire
Bauer	1. fermier; 2. paysan
Bauernhof	ferme
Bauklotz	bloc de bois
Baum	arbre
Becher	gobelet
bedanken	remercier
bedauern	regretter
bedienen	servir
beeilen, sich	se presser
beenden	terminer
Beere	baie
Befehl	ordre
befehlen	commander
befestigen	fixer
begegnen	croiser
begraben	enterrer
behalten	garder
behandeln	traiter
bei	1. chez; 2. en
beibringen	apprendre
beide	les deux
Bein	jambe
Beispiel	exemple
beißen	mordre
bekommen	recevoir
Belgien	Belgique
Belgier, Belgierin	Belge
belgisch	belge
bellen	aboyer
Belohnung	récompense
bemerken	remarquer
benehmen, sich	se conduire
benutzen	utiliser
Benzin	essence
bequem	1. commode; 2. confortable
Berg	montagne
Berliner	beignet
berühmt	célèbre
beschädigen	abîmer
beschäftigt	occupé
beschließen	décider
beschützen	protéger
Besen	balai
besichtigen	visiter
Besichtigung	visite
besitzen	posséder
besser	1. meilleur; 2. mieux
beste	le meilleur
bestellen	commander
bestrafen	punir
bestreiten	disputer
Besuch	visite

besuchen	1. rendre visite; 2. visiter
Besucher, Besucherin	visiteur
beten	prier
Bett	lit
Bettuch	drap
beugen, sich	se pencher
bevor	avant de
bewachen	garder
bewegen	bouger
Bewegung	mouvement
bewölkt	nuageux
bezahlen	payer
biegen	plier
Biene	abeille
Bier	bière
Bild	image
Bilderbuch	livre d'images
billig	(à) bon marché
binden	nouer
Birne	poire
bis	1. à; 2. jusqu'à
bis jetzt	jusqu'ici
ein bißchen	un peu
bitte	1. s'il te plaît; 2. s'il vous plaît
bitten	1. demander; 2. prier
Blase	bulle
blasen	souffler
Blatt	feuille
blau	bleu
bleiben	rester
bleich	pâle
Bleistift	crayon
blind	aveugle
Blitz	éclair
blond	blond
Blume	fleur
Blumenkohl	chou-fleur
Bluse	blouse, chemisier
Blut	sang
bluten	saigner

Boden	1. fond; 2. sol
Bogen	1. arc; 2. archet
Bohne	haricot
Bonbon	bonbon
Boot	barque, bateau
Bordstein	bord du trottoir
böse	méchant
Boxer	boxeur
Brand	incendie
Braten	rôti
braten	1. frire; 2. rôtir
brauchen	1. avoir besoin; 2. falloir
braun	brun
Braut	mariée
Bräutigam	marié
brechen	briser
breit	large
Bremse	frein
brennen	brûler
Brett	planche
Brief	lettre
Briefkasten	boîte aux lettres
Briefmarke	timbre
Brieftasche	portefeuille
Briefträger	facteur
Brille	lunettes
bringen	apporter
Brombeere	mûre sauvage
Brot	pain
Brötchen	petit pain
Brücke	pont
Bruder	frère
Brunnen	fontaine
brutal	violent
Buch	livre
Bücherei	bibliothèque
Bücherregal	étagère
Buchstabe	lettre
buchstabieren	épeler
Bügeleisen	fer à repasser
bügeln	repasser
Bühne	estrade
Bulldozer	bulldozer

Buntstift	crayon de couleur
Büro	bureau
Bürste	brosse
bürsten	brosser
Bus	autobus
Butter	beurre
Button	badge

C

Café	café
Campingplatz	camping
Cello	violoncelle
Chance	chance
charmant	charmant
Chef	chef
China	Chine
Chinese, Chinesin	Chinois, Chinoise
chinesisch	chinois
Chor	choeur, chorale
Clown	clown
Comic-Heft	bande dessinée, BD
Computer	ordinateur
Cousin	cousin
Cousine	cousine
Cowboy	cow-boy

D

da	1. là; 2. voilà
da drüben	là-bas
Dach	toit
Dachboden	grenier
dagegen	contre
dahin	là
damals	alors
Dame	dame
Dampf	vapeur
danach	après
Däne, Dänin	Danois, Danoise
Dänemark	Danemark
dänisch	danois
danke	merci
dann	alors, puis
das	1. ça, cela; 2. le, la; 3. qui; 4. que
daß	que
Datum	date
Daumen	pouce
davon	en
dazu	en plus
Decke	1. couverture; 2. plafond
Deckel	couvercle
decken	mettre
dein	ton
deiner	le tien
denken	penser
denn	car
der	1. le, la; 2. qui
deren	dont
derjenige	celui
derselbe	le même
dessen	dont
deutsch	allemand
Deutscher	Allemand
Deutsche	Allemande
Deutschland	Allemagne
Dezember	décembre
Diamant	diamant
dich	1. te; 2. toi
dick	1. épais; 2. gros
die	1. le, la; 2. qui; 3. que
Dieb, Diebin	voleur, voleuse
dienen	servir
Dienstag	mardi
dies	ceci
dieser	ce
Ding	chose
Dinosaurier	dinosaure
dir	1. te; 2. toi
Direktor	directeur
Direktorin	directrice
Dirigent, Dirigentin	chef d'orchestre
doch	si
Donner	tonnerre

Donnerstag	jeudi
doppelt	double
Dorf	village
Dose	boîte
Drachen	cerf-volant
draußen	dehors
drehen	tourner
drei	trois
Dreieck	triangle
dreißig	trente
dreizehn	treize
dressieren	dresser
drinnen	1. dedans ; 2. à l'intérieur
dritte	troisième
dröhnen	gronder
drücken	1. appuyer; 2. presser, serrer
Dschungel	jungle
du	1. tu; 2. toi
Duft	1. odeur; 2. parfum
dumm	bête, stupide
dunkel	1. foncé; 2. sombre
dünn	mince
durch	1. par; 2. à travers
durchfallen	rater
Durchgang	passage
dürfen	1. être autorisé; 2. pouvoir
Durst	soif
Durst haben	avoir soif
Dusche	douche
duschen	prendre une douche

E

ebensosehr	autant
ebensoviel	autant
echt	véritable
Ecke	coin
Edelstein	bijou
Ehefrau	femme
ehemalig	ancien
Ehemann	mari
ehrlich	honnête
Ei	oeuf
Eichhörnchen	écureuil
eigen	propre
Eimer	seau
ein	un, une
einatmen	respirer
einbilden, sich	s'imaginer
Einbrecher	cambrioleur
einfach	simple
Eingang	entrée
einige	1. certains; 2. plusieurs
einkaufen	faire les courses
Einkaufswagen	caddy
Einkaufszentrum	centre commercial
einladen	inviter
einmal	une fois
eins	un
einsam	seul, solitaire
einschalten	allumer
einschlafen	s'endormir
einsteigen	monter
Eintrittskarte	billet, ticket
einverstanden	d'accord
einwickeln	envelopper
Eis	glace
Eisen	fer
Eisenbahn	chemin de fer
Eisenbahnwagen	wagon
Elefant	éléphant
Elektriker	électricien
Elektrikerin	électricienne
Elektrizität	électricité
elf	onze
Ellbogen	coude
Eltern	parents
empfehlen	recommander
Ende	1. bout; 2. fin
zu Ende sein	être fini
endlich	enfin
eng	étroit
Engel	ange
England	Angleterre

Engländer	Anglais
Engländerin	Anglaise
englisch	anglais
Enkel	petit-fils
Enkelin	petite-fille
Enkelkinder	petits-enfants
entdecken	découvrir
Ente	canard
Entfernung	distance
enthalten	contenir
entkommen	s'échapper
entlang	le long de
Entlein	caneton
entscheiden	décider
entschuldigen	excuser
Entschuldigung	excuse
Entschuldigung!	excusez-moi!, pardon!
enttäuscht	déçu
entweder ... oder	ou ... ou
entwickeln	développer
entwischen	échapper
er	1. il; 2. lui
Erbse	pois
Erdbeere	fraise
Erde	terre
Erdnuß	cacahouette
Ergebnis	résultat
erinnern	rappeler
erinnern, sich	se souvenir
erkälten, sich	attraper un rhume
erkältet	enrhumé
erklären	expliquer
erlauben	autoriser, permettre
ernähren	nourrir
ernst	sérieux
Ernte	récolte
erreichen	1. atteindre; 2. joindre
erscheinen	apparaître
erschrecken	effrayer
erst	seulement
erstaunen	étonner
erster	premier
ertragen	supporter
Erwachsene	adulte
erwischen	1. attraper; 2. surprendre
erzählen	raconter
es	1. il ; 2. le, la
Esel	âne
Essen	repas
essen	manger
Essig	vinaigre
Eßzimmer	salle à manger
etwas	quelque chose
euch	vous
euer	votre
Eule	hibou
eurer	le vôtre
Europa	Europe
Europäer	Européen
Europäerin	Européenne
europäisch	européen

F

Fabrik	usine
Fach	matière
Fahne	drapeau
Fähre	ferry
fahren	1. aller; 2. rouler
Fahrer	conducteur
Fahrerin	conductrice
Fahrkarte	billet, ticket
Fahrrad	bicyclette, vélo
Fahrt	voyage
Falke	faucon
fallen	tomber
falsch	faux
Familie	famille
fangen	attraper
Farbe	1. couleur; 2. peinture
fast	presque
faul	paresseux
Februar	février
Feder	plume

Fee	fée
fehlen	manquer
Fehler	faute
Feiertag	jour férié
fein	fin
Feind	ennemi
Feld	champ
Fell	pelage
Felsen	rocher
Fenster	fenêtre
Fensterscheibe	vitre
Ferien	vacances
Ferkel	petit cochon
Fernglas	jumelles
Fernsehapparat	télévision, télé
Fernsehen	télévision, télé
fernsehen	regarder la télévision
Ferse	talon
fertig	prêt
fertig sein	avoir fini
fertigmachen	finir
Fest	fête
fest	solide
festhalten, sich	se tenir
festlegen	fixer
festnehmen	arrêter
Feuer	feu
Feuerwehrauto	voiture de pompiers
Feuerwehrmann	pompier
Feuerwerk	feu d'artifice
Fieber	fièvre
Fieber haben	avoir de la fièvre, avoir de la température
Figur	figure
Film	film
Filmkamera	caméra
Filz	feutre
Filzstift	crayon-feutre, feutre
finden	trouver
Finger	doigt
Fingernagel	ongle

Fisch	poisson
Fischer	pêcheur
flach	plat
Flamingo	flamant
Flamme	flamme
Flasche	bouteille
flattern	flotter
Fleck	tache
Fledermaus	chauve-souris
Fleisch	viande
Fliege	mouche
fliegen	voler
fliehen	fuir
Flocke	flocon
Flöte	flûte
Flügel	aile
Flughafen	aéroport
Flugzeug	avion
Flur	couloir, entrée
Fluß	1. fleuve; 2. rivière
flüssig	liquide
flüstern	chuchoter, souffler
Fohlen	poulain
folgen	suivre
Form	forme
Foto	photo
Frage	question
fragen	demander
Franken	franc
Frankreich	France
Franzose	Français
Französin	Française
französisch	français
Frau	1. femme; 2. Madame
Fräulein	Mademoiselle
frech	impertinent
frei	libre
Freitag	vendredi
fremd	étranger
Fremde	étranger
Fremdsprache	langue étrangère
fressen	manger
Freude	1. joie; 2. plaisir

Freund	1. ami 2. copain
Freundin	1. amie; 2. copine
frieren	geler
frisch	frais
Friseur	coiffeur
Friseuse	coiffeuse
froh	content
fröhlich	joyeux
Frosch	grenouille
Frucht	fruit
früh	de bonne heure, tôt
Frühling	printemps
Frühstück	petit déjeuner
Fuchs	renard
fühlen	sentir
führen	conduire, guider
füllen	remplir
Füllfederhalter	stylo à encre
fünf	cinq
fünfzehn	quinze
fünfzig	cinquante
funktionieren	marcher
für	pour
furchtbar	terrible
fürchterlich	horrible
Fuß	pied
Fußball	football
Fußboden	plancher
Fußgänger	piéton
Fußgängerin	piétonne
füttern	donner à manger

G

Gabel	fourchette
gähnen	bâiller
Gans	oie
Gänseblümchen	pâquerette
ganz	1. entier; 2. tout à fait
Garage	garage
Garderobe	garde-robe
Garten	jardin
Gärtner	jardinier
Gärtnerin	jardinière
Gasse	rue
geben	1. donner; 2. passer
Gebet	prière
geboren	né
Geburtstag	anniversaire
Gebüsch	buisson
Gedicht	poème
Geduld haben	être patient
geduldig	patient
Gefahr	danger
gefährlich	dangereux
gefallen	plaire
Gefängnis	prison
gegen	1. contre; 2. vers
Gegend	région
Gegenteil	contraire
gegenüber	en face de
Geheimnis	secret
gehen	1. aller; 2. marcher
gehorchen	obéir
gehören	appartenir
Gehsteig	trottoir
Geige	violon
Gelände	terrain
gelb	jaune
Geld	argent
Geldbeutel	bourse
Geldschein	billet de banque
Gemälde	peinture, tableau
gemein	vilain
Gemüse	légume
genau	1. juste; 2. exactement
genug	assez
geöffnet	ouvert
Gepäck	bagages
Gepard	guépard
gerade	1. droit; 2. pair; 3. juste
gerade etwas getan haben	venir de faire quelque chose
geradeaus	tout droit
Geräusch	bruit

gerecht	juste
Gericht	plat
gern tun	aimer faire
Geruch	odeur
gerührt	touché
Gesang	chant
Geschäft	magasin
Geschenk	cadeau
Geschichte	histoire
Geschirr	vaisselle
Geschwindigkeit	vitesse
Gesicht	figure, visage
gespannt	curieux
Gespenst	fantôme
gestern	hier
gesund	en bonne santé
Gesundheit	santé
Gewehr	fusil
Gewicht	poids
gewinnen	gagner
Gewitter	orage
Gewohnheit	habitude
gierig	gourmand
gießen	arroser
Gießkanne	arrosoir
Gipfel	sommet
Giraffe	girafe
Gitarre	guitare
glänzen	briller
Glas	verre
glatt	lisse
glauben	croire
gleich	1. égal; 2. pareil
Glocke	cloche
Glück	chance
Glück haben	avoir de la chance
glücklich	heureux
Glückwunsch	félicitations, voeux
Gold	or
Goldfisch	poisson rouge
Gorilla	gorille
Gott	dieu
Göttin	déesse
Graben	fossé
graben	creuser
Grapefruit	pamplemousse
Gras	herbe
gratulieren	féliciter
grau	gris
grausam	cruel
Grieche	Grec
Griechin	Grecque
Griechenland	Grèce
griechisch	grec
Griff	poignée
Grille	cigale
grillen	griller
Grippe	grippe
groß	1. grand; 2. gros
Größe	taille
Großeltern	grands-parents
Großmutter	grand-mère
Großvater	grand-père
großzügig	généreux
grün	vert
Grund	raison
Grundschullehrer	instituteur
Grundschul-lehrerin	institutrice
Gruppe	groupe
Gummiband	élastique
Gummistiefel	botte en caoutchouc
Gurke	concombre
Gürtel	ceinture
gut	1. bon; 2. bien

H

Haar	1. cheveu; 2. poil
haben	avoir
Hafen	port
Hahn	coq
Hähnchen	poulet
Hai	requin
halb	demi
halbieren	séparer en deux
Hälfte	moitié
hallo	1. salut; 2. allô

Hals	cou
Halskette	collier
Halsschmerzen haben	avoir mal à la gorge
halt!	stop!
halten	tenir
Haltestelle	arrêt
Hammer	marteau
Hamster	hamster
Hand	main
Handgelenk	poignet
Handschuh	gant
Handtasche	sac
Handtuch	serviette
hängen	accrocher
hart	dur
hassen	détester
häßlich	1. laid; 2. vilain
Haufen	tas
Haus	maison
Hausaufgabe	devoir
Hausschuh	pantoufle
Haut	peau
heben	lever
Hecke	haie
Heft	cahier
heftig	violent
heiraten	se marier
heiß	chaud
heißen	s'appeler
heizen	chauffer
Heizung	chauffage
helfen	aider
hell	clair
Hemd	chemise
Herbst	automne
Herd	cuisinière
Herde	troupeau
hereinkommen	entrer
Herr	Monsieur
heruntergehen	descendre
Herz	coeur
Heu	foin
Heuschrecke	sauterelle
heute	aujourd'hui
heute abend	ce soir
Hexe	sorcière
hier	ici
hierher	ici
Hilfe	aide, secours
Himbeere	framboise
Himmel	ciel
hinaufgehen	monter
hinausgehen	sortir
hindern	empêcher
hinein	dedans
hineinfahren	rentrer
hineingehen	1. entrer; 2. rentrer
hinlegen, sich	se coucher
hinten	derrière
hinter	derrière
Hintern	derrière
hinunter	en bas
hinunterschlucken	avaler
hinzufügen	ajouter
Hirsch	cerf
Hitze	chaleur
hoch	1. élevé; 2. haut
hochheben	soulever
Hochzeit	mariage
Hockeyschläger	crosse de hockey
Hof	cour
hoffen	espérer
höflich	poli
Höhle	caverne, grotte
holen	aller chercher
Holz	bois
Honig	miel
hören	entendre
Horn	corne
Hörnchen	croissant
Hose	1. culotte; 2. pantalon
Hotel	hôtel
hübsch	1. beau; 2. joli
Hubschrauber	hélicoptère
Huf	sabot du cheval
Hügel	colline

Huhn	poule
Hund	chien
Hündchen	chiot
Hundehütte	niche
hundert	cent
Hunger	faim
Hunger haben	avoir faim
Hupe	klaxon
hüpfen	1. sauter; 2. sautiller
husten	tousser
Hut	chapeau
Hütte	cabane

I

ich	1. je; 2. moi
Idee	idée
Igel	hérisson
ihm	lui
ihn	le, la
Ihnen	vous
ihnen	leur
Ihr	votre
ihr	1. sa, son; 2. leur; 3. vous; 4. lui
Ihrer	le vôtre
ihrer	1. le sien; 2. le leur
immer	toujours
immer noch	toujours
in	1. à; 2. dans; 3. en
Inder, Inderin	Indien, Indienne
Indianer	Indien
Indianerin	Indienne
indianisch	indien
Indien	Inde
indisch	indien
Innere	intérieur
innerer	intérieur
Insekt	insecte
Insel	île
interessant	intéressant
Interview	interview
irgend etwas	n'importe quoi
irgend jemand	n'importe qui
irgendein	quelque
irgendeiner	n'importe lequel
irgendwann	n'importe quand
irgendwelche	n'importe lesquels
irgendwo	n'importe où, quelque part
Italien	Italie
Italiener	Italien
Italienerin	Italienne
italienisch	italien

J

ja	oui
Jacke	veste
jagen	chasser
Jahr	1. an; 2. année
Jahreszeit	saison
Jahrhundert	siècle
Januar	janvier
Japan	Japon
Japaner	Japonais
Japanerin	Japonaise
japanisch	japonais
Jeans	jeans
jeden Tag	tous les jours
jeder	1. chacun; 2. chaque; 3. tout
jedesmal	chaque fois
jemand	quelqu'un
jenes	cela
jetzt	maintenant
Joghurt	yaourt
Juli	juillet
jung	jeune
Junge	garçon
Juni	juin

K

Kaffee	café
Käfig	cage
Kaiser	empereur

Kalb	veau
Kalender	calendrier
kalt	froid
Kamel	chameau
Kamera	appareil photo
Kamin	cheminée
Kamm	peigne
kämmen	coiffer, peigner
Kanada	Canada
Kanadier	Canadien
Kanadierin	Canadienne
kanadisch	canadien
Känguruh	kangourou
Kaninchen	lapin
Kapitän	capitaine
kaputtmachen	casser
Karotte	carotte
Karte	carte
Kartoffel	pomme de terre
Kartoffelchips	chips
Karton	carton
Karussell	carrousel
Käse	fromage
Kastanie	marron
Katze	chat
kauen	mâcher
kaufen	acheter
Kaufhaus	grand magasin
Kaugummi	chewing-gum
kein	(ne) pas de
Keks	biscuit, gâteau sec, petit gâteau
Keller	cave
Kellner	garçon
Kellnerin	serveuse
kennen	connaître
Kenntnis	connaissance
Kerze	bougie
Ketchup	ketchup
Kette	chaîne
Kind	enfant
Kindergarten	maternelle
Kinn	menton
Kino	cinéma

Kirche	église
Kirsche	cerise
Kissen	coussin
Klang	son
klar	clair
Klarinette	clarinette
Klassenzimmer	salle de classe
klatschen	applaudir
Klavier	piano
kleben	coller
klebrig	collant
Klebstoff	colle
Kleid	robe
Kleider	habits, vêtements
Kleiderschrank	garde-robe
Kleidungsstück	vêtement
klein	petit
Kleingeld	monnaie
klettern	grimper
Klingel	sonnette
klingeln	sonner
Klinke	poignée
klopfen	frapper
klug	intelligent
knallen	éclater
Kneipe	bistrot
Knie	genou
Knöchel	cheville
Knochen	os
Knopf	bouton
Knospe	bouton
Knoten	noeud
knurren	grogner
Koalabär	koala
Koch	cuisinier
kochen	1. bouillir; 2. cuire; 3. faire la cuisine
Köchin	cuisinière
Kochtopf	casserole, marmite
Koffer	valise
Kofferraum	coffre
Kohl	chou
Kokosnuß	noix de coco
kommen	venir

Kommode	commode
König	roi
Königin	reine
können	1. pouvoir; 2. savoir
Konzert	concert
Kopf	tête
Kopfkissen	oreiller
Kopfsalat	laitue
Kopfschmerzen haben	avoir mal à la tête
Kopie	copie
kopieren	copier
Korb	panier
Korken	bouchon
Körper	corps
korrigieren	corriger
kosten	coûter
kostenlos	gratuit
Kostüm	costume
Kotelett	côtelette
Krabbe	crabe
kräftig	fort
Krähe	corneille
Kran	grue
krank	malade
Krankenhaus	hôpital
Krankenschwester	infirmière
Krankenwagen	ambulance
Krankheit	maladie
kratzen	1. gratter; 2. griffer
Krawatte	cravatte
Kreide	craie
Kreis	cercle
Kreuz	croix
kreuzen	croiser
kriechen	ramper
Krieg	guerre
Krokodil	crocodile
Krone	couronne
Küche	cuisine
Kuchen	gâteau
Kugel	balle
Kugelschreiber	stylo-bille
Kuh	vache
kühl	frais
Kühlschrank	réfrigérateur
Küken	poussin
kümmern, sich	s'occuper
Kunst	art
Künstler, Künstlerin	artiste
Kürbis	citrouille
Kurve	virage
kurz	court
Kuß	baiser
küssen	embrasser
Küste	côte, bord de la mer

L

lächeln	sourire
lachen	rire
Laden	boutique
Lamm	agneau
Lampe	lampe
Land	1. campagne; 2. pays; 3. terre
landen	atterrir
Landkarte	carte
lang	long
Langeweile	ennui
langsam	lent
Lärm	bruit
lassen	laisser
Lastwagen	camion
laut	à haute voix
läuten	sonner
Leben	vie
leben	vivre
lebendig	vivant
lebhaft	1. animé; 2. vivant
lecker	délicieux
Leder	cuir
leer	vide
legen	mettre, poser
lehnen	appuyer
Lehrbuch	manuel
Lehrer, Lehrerin	professeur

leicht	1. facile; 2. léger
leid tun	être désolé
leihen	prêter
Leine	laisse
leise	1. bas; 2. tranquille
leisten, sich	se permettre
Leiter	échelle
lernen	apprendre
lesen	lire
letzter	dernier
Leute	gens
Licht	lumière
lieb	gentil
Liebe	amour
lieben	aimer
lieber	1. cher; 2. plutôt
lieber mögen	préférer
Lieblings-	favori, préféré
Lied	chanson
Lieferwagen	camionnette
liegen	être couché
Limonade	limonade
Lineal	règle
Linie	ligne
linker	gauche
links	à gauche
Lippe	lèvre
Liste	liste
Loch	trou
lockig	bouclé
Löffel	cuillère
löschen	éteindre
loswerden	se débarrasser de
Löwe	lion
Luft	air
Luftballon	ballon
lügen	mentir
Lust	envie
Lust haben	avoir envie
lustig	amusant, drôle
Lutscher	sucette
Luxemburg	Luxembourg

M

machen	faire
Mädchen	fille
mähen	tondre
Mai	mai
malen	peindre
Maler, Malerin	peintre
Mama, Mami	maman
manchmal	parfois, quelquefois
Mann	homme
männlich	mâle
Mannschaft	équipe
Mantel	manteau
Mäppchen	trousse
Märchen	conte de fées
Marienkäfer	coccinelle
Markt	marché
Marmelade	confiture
März	mars
Maschine	machine
Maske	masque
Mathematik	mathématiques, maths
Matratze	matelas
Matrose	marin
Mauer	mur
Maus	souris
Medizin	médicament
Meer	mer
Meerschweinchen	cochon d'Inde
Mehl	farine
mehr	plus
mehrere	plusieurs
mein	mon
meiner	le mien
meisten, am	le plus
Melodie	mélodie
Melone	melon
Mensch	homme
Menschenmenge	foule
merkwürdig	drôle
Messer	couteau
Metall	métal

Metzger	boucher
Metzgerin	bouchère
Metzgerei	1. boucherie; 2. charcuterie
mich	1. me; 2. moi
Mikrofon	microphone
Milch	lait
mindestens	au moins
Mineralwasser	eau minérale
Minute	minute
mir	1. me; 2. moi
mischen	mélanger
mit	1. avec; 2. par
miteinander	ensemble
mitmachen	joindre
mitnehmen	1. emmener; 2. emporter
Mittag	midi
Mittagessen	déjeuner
mittags	à midi
Mitte	milieu
Mitternacht	minuit
Mittwoch	mercredi
Möbelstück	meuble
Mode	mode
mögen	1. aimer; 2. vouloir
möglich	possible
Moment!	minute!
Monat	mois
Mond	lune
Montag	lundi
Morgen	matin
morgen	demain
morgens	le matin
Motor	moteur
Motorrad	moto
Motorroller	scooter
Mountainbike	mountain bike
Möwe	mouette
müde	fatigué
Mund	bouche
Münze	pièce de monnaie
Murmel	bille
Muschel	coquille
Museum	musée
Musik	musique
Musikinstrument	instrument de musique
müssen	1. devoir; 2. falloir
Mutter	mère
Mütze	1. bonnet; 2. casquette

N

nach	1. après; 2. à
nach Hause kommen	rentrer
nach oben	en haut
Nachbar	voisin
Nachbarin	voisine
nachdem	après
Nachmittag	après-midi
nachmittags	l'après-midi
Nachname	nom de famille
Nachricht	1. message; 2. nouvelle
nächster	prochain
Nacht	nuit
Nachtisch	dessert
nachts	la nuit
Nadel	1. aiguille; 2. épingle
Nagel	clou
nah	1. proche; 2. près
nähen	coudre
Name	nom
Nase	nez
Nashorn	rhinocéros
naß	mouillé
Natur	nature
natürlich	bien sûr
Nebel	brouillard
neben	à côté de
nebenan	à côté
Neffe	neveu
nehmen	prendre
nein	non
Nest	nid

nett	gentil
Netz	filet
neu	1. neuf; 2. nouveau
neugierig	curieux
neun	neuf
neunzehn	dix-neuf
neunzig	quatre-vingt-dix
nicht	ne ... pas
Nichte	nièce
nichts	rien
nie	jamais
Niederlage	défaite
Niederlande	Pays-Bas
Niederländer	Néerlandais
Niederländerin	Néerlandaise
niederländisch	néerlandais
niedrig	bas
niemand	ne ... personne
niesen	éternuer
Nilpferd	hippopotame
nirgends	nulle part
noch	encore
noch ein	un autre
Norden	nord
normalerweise	d'habitude
Norwegen	Norvège
Norweger	Norvégien
Norwegerin	Norvégienne
norwegisch	norvégien
Note	note
Notenständer	pupitre
Notiz	note
notwendig	nécessaire
November	novembre
Nudeln	pâtes
null	zéro
Nummer	numéro
nur	seulement
Nuß	noix

O

ob	si
oben	en haut
Oberseite	dessus
Obst	fruits
Ochse	boeuf
oder	ou
offen	ouvert
öffnen	ouvrir
oft	souvent
ohne	sans
ohnmächtig werden	perdre connaissance
Ohr	oreille
Ohrring	boucle d'oreille
okay	okay
Oktober	octobre
Öl	huile
Oma	mémé
Onkel	oncle
Opa	pépé
Orange	orange
Orchester	orchestre
ordentlich	rangé
Ordnung	ordre
Ort	lieu
Osten	est
Osterglocke	jonquille
Ostern	Pâques
Österreich	Autriche
Österreicher	Autrichien
Österreicherin	Autrichienne
österreichisch	autrichien
oval	oval
Ozean	océan

P

Paar	paire
Päckchen	paquet
Paddel	pagaie
Paket	paquet
Palast	palais
Panda	panda
Papa, Papi	papa
Papagei	perroquet
Papier	papier

Paprika	poivron
Parfüm	parfum
Park	parc
parken	garer
Parkhaus	parking
Parkplatz	parking
Partner, Partnerin	partenaire
Passagier	passager
Passagierin	passagère
passieren	se passer
Patient, Patientin	patient, patiente
perfekt	parfait
Person	personne
Pfad	sentier
Pfadfinder	scout
Pfeffer	poivre
Pfeife	1. pipe; 2. sifflet
pfeifen	siffler
Pfeil	flèche
Pferd	cheval
Pfirsich	pêche
Pflanze	plante
pflanzen	planter
Pflaster	pansement
Pflaume	prune
pflücken	cueillir
Pfote	patte
Phantasie	imagination
phantastisch	super
Picknick	pique-nique
picknicken	faire un pique-nique
Pilot, Pilotin	pilote
Pilz	champignon
Pinguin	pingouin
Pinsel	pinceau
Pirat	pirate
Pistole	pistolet
Pizza	pizza
Plakat	affiche
Plan	plan
Plastik	plastique
platt	à plat
Platz	place
platzen	éclater
plaudern	bavarder
plötzlich	tout à coup
Polizei	police
Polizeiwache	poste de police
Polizist, Polizistin	agent de police
Pommes frites	frites
Pony	poney
Portugal	Portugal
Portugiese	Portugais
Portugiesin	Portugaise
portugiesisch	portugais
Post	poste
Postamt	poste
Poster	poster
Präsident	président
Präsidentin	présidente
Preis	prix
Priester	prêtre
Prinz	prince
Prinzessin	princesse
privat	privé
probieren	goûter
Programm	programme
Prüfung	examen
Puder	poudre
Pullover	pull-over, pull
Pult	pupitre
Pulver	poudre
Punkt	point
Puppe	poupée
Puppenhaus	maison de poupée
Pute	dinde
putzen	nettoyer
Puzzle	puzzle
Pyramide	pyramide

R

Rad	roue
Radiergummi	gomme
Radio	radio
Rakete	fusé
Rand	bord
Rasen	gazon

Rasierapparat	rasoir
rasieren	raser
raten	1. conseiller; 2. deviner
Ratte	rat
Rauch	fumée
rauchen	fumer
raufen, sich	se battre
Raumschiff	navette spatiale
Raupe	chenille
raus!	dehors!
Rechenaufgabe	addition
Rechnung	addition
Rechteck	rectangle
rechter	droit
rechts	à droite
reden	parler
Regel	règle
Regen	pluie
Regenbogen	arc-en-ciel
Regenmantel	imperméable
Regenschirm	parapluie
regnen	pleuvoir
reiben	frotter
reich	riche
reif	mûr
Reifen	pneu
Reihe	1. file; 2. rang
Reim	rime
Reis	riz
Reise	voyage
reisen	voyager
Reisepaß	passeport
Reißverschluß	fermeture éclair
reiten	monter à cheval
Rekord	record
Religion	religion
Rennen	course
rennen	courir
reparieren	réparer
Restaurant	restaurant
retten	sauver
richtig	correct, juste
Richtung	direction
riechen	sentir
Riese	géant
Rindfleisch	boeuf
Ring	bague
Rippe	côte
Ritter	chevalier
Roboter	robot
Rock	jupe
roh	cru
Rohr	tube
rollen	rouler
Rollschuh	patin à roulettes
Rollschuh laufen	patiner
Rolltreppe	escalier roulant
rosa	rose
Rose	rose
Rosine	raisin sec
rot	rouge
Rücken	dos
Rückfahrt	retour
Rückkehr	retour
Rückseite	dos
rudern	ramer
rufen	appeler
Rugby	rugby
Ruhe	silence
ruhig	calme, tranquille
rund	rond
Rundfahrt	tour
Russe, Russin	Russe
russisch	russe
Rußland	Russie
Rutsche	toboggan
rutschen	glisser

S

Saal	salle
Sache	affaire
Sack	sac
säen	semer
Saft	jus
Säge	scie
sagen	dire

sägen	scier
Sahne	crème
Salat	salade
Salz	sel
Samen	graine
sammeln	collectionner
Sammlung	collection
Samstag	samedi
Sand	sable
Sandale	sandale
sanft	doux
Sänger	chanteur
Sängerin	chanteuse
Sattel	selle
Satz	phrase
sauber	propre
Schachtel	boîte, carton
schade!	dommage!
Schaden	dommage
Schaf	mouton
Schäfer	berger
Schaffner	contrôleur
Schal	écharpe
Schale	peau
schälen	peler
Schallplatte	disque
schämen, sich	avoir honte
scharf	tranchant
Schatten	ombre
Schatz	trésor
schauen	regarder
Schaufel	pelle
Schaukel	balançoire
Schaukelpferd	cheval à bascule
Schaukelstuhl	fauteuil à bascule
Schauspieler	acteur
Schauspielerin	actrice
Scheck	chèque
Scheibe	tranche
scheinen	1. briller; 2. paraître, sembler
schenken	offrir
Schere	ciseaux
Scheune	grange

schick	chic
schicken	envoyer
schieben	pousser
schief sein	pencher
schießen	1. tirer; 2. marquer
Schiff	bateau
Schild	panneau
Schildkröte	tortue
Schimpanse	chimpanzé
schimpfen	gronder
Schinken	jambon
Schlafanzug	pyjama
schlafen	dormir
Schlafsack	sac de couchage
Schlafzimmer	chambre à coucher
Schlag	coup
schlagen	1. battre; 2. frapper
Schläger	raquette
Schlagzeug	batterie
Schlamm	boue
Schlange	serpent
Schlange stehen	faire la queue
schlecht	1. mauvais; 2. mal
Schleife	rosette
schließen	fermer
schlimm	mauvais
Schlitten	luge
Schlittschuh	patin à glace
Schlittschuh laufen	patiner
Schloß	château
Schlüssel	clé
schmelzen	fondre
Schmerz	mal
Schmetterling	papillon
Schmuck	bijoux
schmücken	décorer
schmutzig	sale
Schnabel	bec
schnarchen	ronfler
Schnecke	escargot
Schnee	neige
Schneeball	boule de neige
Schneemann	bonhomme de neige

schneiden	couper
schnell	rapide, vite
Schnorchel	tube respiratoire
Schnuller	sucette
Schnupfen	rhume
Schnur	ficelle
Schnürsenkel	lacet
Schokolade	chocolat
schon	déjà
schön	beau
Schönheit	beauté
Schornstein	cheminée
Schrank	1. armoire; 2. placard
Schraube	vis
Schraubenzieher	tournevis
schreiben	écrire
Schreibtisch	bureau
schreien	crier
Schritt	pas
Schubkarren	brouette
Schublade	tiroir
schüchtern	timide
Schuh	chaussure
Schuhcreme	cirage
Schuhgröße	pointure
Schule	école
Schüler, Schülerin	1. écolier, écolière; 2. élève
Schulklasse	classe
Schulleiter, Schulleiterin	directeur de l'école
Schultasche	cartable
Schulter	épaule
Schüssel	bol
schütteln	agiter, secouer
schützen	protéger
schwach	faible
Schwamm	éponge
Schwan	cygne
Schwanz	queue
schwarz	noir
Schwede	Suédois
Schwedin	Suédoise
Schweden	Suède
schwedisch	suédois
schweigen	se taire
Schwein	cochon, porc
Schweinefleisch	porc
Schweiz	Suisse
Schweizer	Suisse
Schweizerin	Suissesse
schweizerisch	suisse
schwenken	agiter
schwer	lourd
Schwester	soeur
schwierig	difficile, dur
Schwimmbad	piscine
schwimmen	nager
sechs	six
sechzehn	seize
sechzig	soixante
See	lac
Seehund	phoque
Segel	voile
Segelboot	voilier
segeln	faire de la voile
sehen	voir
sehr	très
Seife	savon
Seil	corde
sein	1. être; 2. son
seiner	le sien
seit	depuis
seitdem	depuis que
Seite	1. côté; 2. face; 3. page
Sekunde	seconde
selbst	moi-même
selten	rarement
seltsam	étrange
September	septembre
Serviette	serviette
Sessel	fauteuil
setzen, sich	s'asseoir
Shampoo	shampooing
Shorts	short
sicher	1. certain; 2. sûr

Sicherheitsgurt	ceinture de sécurité
sicherlich	certainement
Sie	vous
sie	1. elle; 2. la, 3. ils, 4. elles
sieben	sept
siebzehn	dix-sept
siebzig	soixante-dix
Sieger	gagnant
Siegerin	gagnante
singen	chanter
Sitz	siège
sitzen	être assis
Ski	ski
Ski laufen	skier
so	si
so ... wie	aussi ... que
Socke	chaussette
Sofa	canapé
sofort	tout de suite
sogar	même
Sohn	fils
Soldat	soldat
Sommer	été
Sonne	soleil
Sonnenaufgang	lever du soleil
Sonnenblume	tournesol
Sonnenbrille	lunettes de soleil
Sonnenuntergang	coucher du soleil
Sonntag	dimanche
sonntags	le dimanche
sonst	sinon
Sorge	souci
Sorte	sorte
Soße	sauce
sowohl ... als auch	et ... et
Spaghetti	spaghettis
Spanien	Espagne
Spanier	Espagnol
Spanierin	Espagnole
spanisch	espagnol
sparen	faire des économies
Spaß	plaisanterie
Spaß haben	s'amuser
spät	tard
spazierenführen	promener
spazierengehen	se promener
Spaziergang	promenade
Spazierstock	canne
Spiegel	glace, miroir
Spiel	1. jeu; 2. match; 3. partie
spielen	jouer
Spieler, Spielerin	joueur, joueuse
Spielplatz	terrain de jeu
Spielzeug	jouet
Spielzeugauto	petite voiture
Spitze	sommet
Spinat	épinards
Spinne	araignée
Sport	sport
Sportler	sportif
Sportlerin	sportive
sportlich	sportif
Sportplatz	1. terrain de sport; 2. stade
Sportschuh	chaussure de sport
sprechen	parler
springen	sauter
Spritze	piqûre
Sprungseil	corde à sauter
Spülbecken	évier
Spur	voie
stabil	stable
Stadion	stade
Stadt	ville
Stadtteil	quartier
Stall	1. écurie; 2. étable
Stand	1. boutique; 2. stand
Stange	barre
stark	fort
Statue	statue
Stau	bouchon
Staub	poussière
Steak	steak
stechen	piquer

stecken	mettre
Stecknadel	épingle
stehen	être debout
stehlen	voler
steif	raide
steil	raide
Stein	pierre
Stelle	1. place; 2. travail
stellen	mettre, poser
Stengel	tige
sterben	mourir
Stern	étoile
Stich	piqûre
Stiefel	botte
Stiel	1. manche; 2. tige
Stille	silence
Stimme	voix
Stirn	front
Stock	bâton
Stockwerk	étage
Stofftier	animal en peluche
stolz	fier
Storch	cigogne
stören	déranger
stoßen	1. cogner; 2. pousser
Strand	plage
Straße	1. route; 2. rue
Straßenbahn	tramway
Strauß	1. autruche; 2. bouquet
Strecke	trajet
Streichholz	allumette
Streifen	rayure
streiten, sich	se disputer
Strich	trait
stricken	tricoter
Strickjacke	gilet
Stroh	paille
Strohhalm	paille
Strom	courant
Strumpf	bas
Stück	1. bout; 2. morceau; 3. pièce
Student	étudiant
Studentin	étudiante
studieren	étudier
Stufe	marche
Stuhl	chaise
Stunde	heure
Sturm	tempête
Sturz	chute
Sturzhelm	casque
stützen	soutenir
stützen, sich	s'appuyer
suchen	chercher
Süden	sud
Supermarkt	supermarché
Suppe	soupe
süß	1. doux; 2. sucré
Sweatshirt	sweatshirt

T

Tafel	1. tableau; 2. tablette
Tag	jour
Taille	taille
Tal	vallée
Tankstelle	station-service
Tanne	sapin
Tante	tante
Tanz	danse
tanzen	danser
Tänzer, Tänzerin	danseur, danseuse
Tasche	poche
Taschengeld	argent de poche
Taschenlampe	lampe de poche
Taschenmesser	canif
Taschenrechner	calculatrice de poche
Taschentuch	mouchoir
Tasse	tasse
taub	sourd
Taube	pigeon
tausend	mille
Taxi	taxi

Teddybär	ours en peluche
Tee	thé
Teich	étang
Teig	pâte
Teil	1. part; 2. partie
teilen	1. diviser; 2. partager
Telefon	téléphone
telefonieren	téléphoner
Telefonnummer	numéro de téléphone
Teller	assiette
Temperatur	température
Tennis	tennis
Teppich	tapis
Terrasse	terrasse
Test	test
teuer	cher
Teufel	diable
Theater	théâtre
Thermometer	thermomètre
tief	profond
Tier	1. animal; 2. bête
Tierarzt, Tierärztin	vétérinaire
Tiger	tigre
Tinte	encre
Tisch	table
Tischdecke	nappe
Toast	toast
Tochter	fille
Toilette	toilettes
Tomate	tomate
Ton	son
Topf	pot
Tor	1. but; 2. porte
Torwart	gardien
tot	mort
Tourist, Touristin	touriste
tragen	porter
Traktor	tracteur
Träne	larme
transportieren	transporter
Traum	rêve
träumen	rêver
traurig	triste
treffen	rencontrer
treiben	flotter
trennen	séparer
Treppe	escalier
trinken	boire
trocken	sec
trocknen	sécher
Trommel	tambour
Trompete	trompette
Tropfen	goutte
trotzdem	1. pourtant; 2. quand même
Truhe	coffre
tschüs	salut
T-Shirt	T-shirt
Tube	tube
Tulpe	tulipe
tun	faire
Tür	porte
Türke	Turc
Türkin	Turque
Türkei	Turquie
türkisch	turc
Turm	tour
Turmuhr	horloge
Tüte	sachet

U

U-Bahn	métro
üben	répéter
über	1. au-dessus; 2. sur
überall	partout
überholen	dépasser
überlegen	réfléchir
überprüfen	vérifier
überqueren	traverser
überraschen	surprendre
Überraschung	surprise
überschwemmen	inonder
übrig sein	rester
Übung	exercice
Übungsheft	cahier d'exercices

Uhr	pendule
um	autour
umarmen	embrasser
umblättern	tourner
umdrehen	retourner
umfassen	comprendre
Umgebung	environs
Umschlag	enveloppe
umsteigen	changer
umwerfen	renverser
umziehen, sich	se changer
unangenehm	désagréable
und	et
unerträglich	insupportable
Unfall	accident
ungefähr	1. environ, à peu près; 2. quelque
Ungeheuer	monstre
ungezogen	vilain
unhöflich	impoli
Uniform	uniforme
Universität	université
Unkraut	mauvaise herbe
unmöglich	impossible
unordentlich	1. en désordre; 2. mal rangé
Unordnung	désordre
uns	nous
unser	notre
unserer	le nôtre
unten	1. en bas; 2. dessous
unter	1. au-dessous; 2. sous; 3. entre
unterhalb	sous
Unterhemd	tricot de corps
Unterhose	slip
unterrichten	enseigner
Unterrichtsstunde	cours, leçon
Unterschied	différence
Unterseite	dessous
Untertasse	soucoupe
unvorsichtig	imprudent
Urlaub	vacances

V

Vase	vase
Vater	père
Veilchen	violette
Verabredung	rendez-vous
verändern	changer
verärgert	fâché
Verband	bandage
verbieten	défendre, interdire
verbrennen	brûler
verbringen	passer
verdienen	gagner
Verein	club
Vereinigte Staaten	Etats-Unis
Vergangenheit	passé
vergessen	oublier
vergleichen	comparer
Vergnügen	plaisir
vergraben	enterrer
verheiratet	marié
verhindern	empêcher
verkaufen	vendre
Verkäufer	marchand
Verkäuferin	marchande
Verkehr	circulation
verlangen	1. demander; 2. réclamer
verlassen	quitter
verletzen	blesser
verlieren	perdre
vermeiden	éviter
vermissen	regretter
verpassen	rater
verrückt	fou
Vers	vers
verschieden	différent
verschütten	renverser
verschwenden	gaspiller
Verspätung	retard
versprechen	promettre
verstecken	cacher
Versteckspiel	cache-cache
verstehen	comprendre

verstehen, sich	s'entendre
versuchen	essayer
verteidigen	défendre
vertragen	supporter
Vertrauen	confiance
vertrauen	faire confiance à
Verwandte	parent
verwöhnen	gâter
verzeihen	pardonner
verzieren	décorer
Videorecorder	magnétoscope
Videospiel	jeu-vidéo
viel	beaucoup
viele	beaucoup de, bien des
vielleicht	peut-être
vier	quatre
Viereck	carré
viereckig	carré
Viertel	quart
vierzehn	quartorze
vierzig	quarante
violett	violet
Vogel	oiseau
Volksfest	foire
voll	plein
Volleyball	volley-ball
völlig	total
von	1. de; 2. par
von ... bis	1. de ... à; 2. depuis... jusqu'à
vor	1. avant; 2. devant; 3. il y a
vorbeigehen	passer
vorbereiten	préparer
Vorderseite	1. devant; 2. front
vorhaben	penser
Vorhang	rideau
vorher	avant
vorig	précédent
vorlesen	lire
vorschlagen	proposer
Vorsicht	précaution
Vorsicht!	attention!
vorsichtig	prudent
Vorspeise	entrée
vorstellen	présenter
vorstellen, sich	imaginer
vorwärts	en avant

W

Waage	balance
Wache	garde
wachsen	1. grandir; 2. pousser
wagen	oser
wählen	choisir
wahr	1. véritable; 2. vrai
während	pendant
Wal	baleine
Wald	1. bois; 2. forêt
Wand	mur
Wanderung	marche
wann	quand
warm	chaud
warnen	avertir
warten	attendre
Warteschlange	file d'attente
warum	pourquoi
was	1. que, qu'est-ce que; 2. quoi
Waschbecken	lavabo
Wäsche	linge
Wäscheklammer	pince à linge
waschen	laver
Waschmaschine	machine à laver
Wasser	eau
Wasserfall	chute d'eau
Wasserhahn	robinet
wechseln	changer
wecken	réveiller
Wecker	réveil
Weg	1. chemin; 2. voie
wegfahren	partir
weggehen	partir
weglaufen	se sauver
wegmachen	enlever

wegnehmen	enlever
wegwischen	effacer, essuyer
weh tun	faire mal
wehen	souffler
weich	1. doux; 2. mou
weigern, sich	refuser
Weihnachten	Noël
Weihnachtsbaum	sapin de Noël
Weihnachtsmann	père Noël
weil	parce que
Wein	vin
weinen	pleurer
Weintraube	raisin
weiß	blanc
weit	loin
weitermachen	continuer
welcher	1. lequel; 2. quel
Welle	vague
Wellensittich	perruche
Welt	1. monde; 2. terre
Weltall	espace
wenden an, sich	s'adresser à
wenig	peu
wenige	peu de
weniger	moins
wenn	1. quand; 2. si
wer	qui
Werbung	publicité
werden	1. aller; 2. devenir
werfen	lancer
Werkzeug	outil
Wert	valeur
wertvoll	précieux
Wespe	guêpe
Weste	1. gilet; 2. veston
Westen	ouest
Wettbewerb	compétition, concours
wetten	parier
Wetter	temps
es ist gutes Wetter	il fait beau
wichtig	important
wie	1. comment; 2. comme; 3. que
wie bitte?	pardon?
wieder	encore
wiederholen	répéter
wiedersehen	revoir
auf Wiedersehen	au revoir
Wiege	berceau
wiegen	peser
wieviel	combien
wild	1. féroce; 2. sauvage
willkommen	bienvenu
Wimper	cil
Wind	vent
Winter	hiver
Wippe	bascule
wir	nous
wirklich	1. réel; 2. vrai; 3. vraiment
Wirt	patron
wissen	savoir
Wissenschaftler	savant
Wissenschaftlerin	savante
wo	où
Woche	semaine
Wochenende	week-end
wohin	où
wohnen	1. habiter; 2. vivre
Wohnung	appartement
Wohnzimmer	salon
Wolf	loup
Wolke	nuage
Wolkenkratzer	gratte-ciel
Wolle	laine
wollen	vouloir
Wörterbuch	dictionnaire
wundern, sich	s'étonner
Wunsch	souhait
wünschen	1. désirer; 2. souhaiter
Würfel	dé
Wurm	ver
Wurst	saucisse
Wurzel	racine

Wut	colère
wütend	fâché, en colère

Z

Zahl	chiffre
zählen	compter
zahlreich	nombreux
zahm	apprivoisé
Zahn	dent
Zahnarzt, Zahnärztin	dentiste
Zahnbürste	brosse à dents
Zahnpasta	dentifrice
Zahnschmerzen haben	avoir mal aux dents
Zange	pince
zart	tendre
zärtlich	tendre
Zauberer	sorcier
Zaun	1. clôture; 2. grillage
Zebra	zèbre
Zebrastreifen	passage clouté
Zeh	orteil
zehn	dix
Zeichen	signe
Zeichentrickfilm	dessin animé
zeichnen	dessiner
Zeichnung	dessin
zeigen	1. indiquer; 2. montrer
Zeiger	aiguille
Zeit	temps
Zeitschrift	magazine
Zeitung	journal
Zeitvertreib	passe-temps
Zelt	tente
zelten	camper
Zentrum	centre
zerdrücken	écraser
zerreißen	déchirer
Zettel	billet
Zeugnis	bulletin
Ziege	chèvre
Ziegelstein	brique
ziehen	tirer
Ziel	but
zielen	viser
ziemlich	assez
Zimmer	chambre
Zirkus	cirque
Zitrone	citron
Zoo	zoo
zu	1. à; 2. vers; 3. pour; 4. trop
Zucker	sucre
zudecken	couvrir
zuerst	d'abord
Zufall	hasard
zufällig	par hasard
zufrieden	content
Zug	train
zugeben	admettre
zuhören	écouter
Zukunft	avenir
zulassen	admettre
Zunge	langue
zurückbringen	rapporter
zurückgeben	rendre
zurückkommen	revenir
zurückrufen	rappeler
zusammen	ensemble
zusammenfalten	plier
Zuschauer	spectateur
zuviel	trop
zwanzig	vingt
zwei	deux
zweifeln	douter
zweiter	1. deuxième; 2. second
Zwiebel	oignon
Zwilling	1. jumeau; 2. jumelle
zwischen	entre
zwölf	douze

N
5
H
P